KB194283

부모와 함께 소통으로
성장하는 학습 전략

조효완 신동원 김혜남 지음

부모와 함께 소통으로 성장하는 학습 전략

SNS 130만 조회의 저자,
교육 전문가가 전하는
실질적인 조언

지상사 Jisangsa

　학업 성적이 우수한 학생들은 부모와 원활하고 긴밀한 대화를 통해 학습 과정에서 큰 도움을 받는 경우가 많습니다. 부모는 자녀가 잘하는 부분을 칭찬하며 동기를 부여하고, 어려움을 겪는 부분에서는 해결 방법을 함께 모색하며 적극적으로 지원합니다. 이러한 과정을 통해 자녀는 자신의 노력이 인정받는 경험을 쌓고, 부족한 점을 보완해 나가며 학습 효율을 높이는 효과를 얻습니다.

　이러한 이유로 부모를 '학습 매니저'나 '학업 조력자'라고 부르기도 합니다. 부모와의 충분한 소통은 자녀가 학습에 대한 노하우와 전략을 자연스럽게 습득하도록 돕고, 부모의 조력은 자녀의 학습에 긍정적인 영향을 미칩니다. 특히, 이 과정에서 자녀는 부모로부터 힘과 용기를 얻어 학습에 더욱 집중할 수 있습니다.

　부모의 세심한 분석과 의도적인 대화는 자녀가 학습의 원리를 이해하고, 이를 통해 학습 잠재력을 크게 성장시키는 데 중요한 역할을 합니다. 이 책은 학부모들이 자녀의 학업 성취를 효과적으로 지원할 수 있도록 실질적인 전략과 방법을 제시합니다.

　부모와 자녀 간의 소통을 중심으로 학습의 본질을 이해하고 학업 잠재력을 극대화할 수 있는 구체적이고 실천적인 지침을 제공하는 데 초점을 맞추고 있습니다.

　이 책은 부모들이 일상 속에서 자녀와의 소통을 더욱 효과적이고 의미 있게 만들 수 있도록 다양한 사례와 실천적인 가이드라인을 제공합니다. 이러한 내용은 학부모들에게 실질적인 도움을 줄 것이며, 특히 자녀와의 대화에서 느끼는 어려움을 명확히 짚어주고 이를 해결하기 위한 구체적인 방법을 제시하는 점이 이 책의 큰 강점입니다.

책에 담긴 구체적인 예시와 전략들은 독자들에게 명확한 지침을 제공하며, 자녀와의 소통에서 발생할 수 있는 오해나 갈등은 줄이는데, 중요한 역할을 할 것입니다.

또한, 변화하는 입시 환경, AI 기반 학습 환경, 고교학점제와 같은 새로운 학습 흐름에 맞춰 학생들의 학업 역량을 실질적으로 향상시킬 수 있는 학습법을 제안합니다.

각 학습법은 실제 학습 과정에서 어떻게 적용될 수 있는지를 구체적인 사례와 에피소드를 통해 설명하여 학부모들이 자녀교육에 쉽게 활용할 수 있도록 돕습니다.

이 책은 특히 학부모가 자녀에게 줄 수 있는 영향력 있는 말과 깨달음을 선사할 수 있는 29가지를 제시합니다. 이러한 내용은 자녀의 학습 태도와 방법을 개선하고, 학업 성취를 높이는 데 도움이 될 것입니다. 이처럼 실질적이고 구체적인 방법론과 사례를 통해 부모와 자녀가 함께 성장할 수 있는 길을 안내하는 것이 이 책의 목표입니다.

대표저자 김혜남

부모는 흔히 자녀의 학습 매니저이자 학업 조력자로 불립니다. 부모와의 충분한 소통을 통해 학습에 필요한 노하우와 전략을 자연스럽게 배울 수 있으며, 이는 자녀의 학업에 긍정적인 영향을 미칩니다. 이러한 과정에서 부모는 자녀에게 힘과 용기를 북돋아 주며, 자녀가 학습에 더욱 몰입할 수 있도록 돕습니다. 이 책은 부모의 이러한 조력과 격려를 통해 자녀가 학습 효율을 높이고, 스스로 성장할 수 있는 길을 제시합니다. 부모와 자녀가 함께하는 학습 여정을 통해 더 큰 가능성을 발견하길 바랍니다.

진동섭, 한국진로진학정보원 원장, 서울대학교 입학사정관, 《입시설계 초등부터 설계하라》 저자

이 책은 학부모들이 자녀의 학업 성취를 효과적으로 지원할 수 있도록 실질적인 전략과 방법을 제공합니다. 특히, 자녀에게 학습 동기를 부여해 줄 수 있는 가장 강력한 도구인 대화에 초점을 맞추고 있습니다. 책에서는 부모와 자녀 간의 대화를 통해 학습의 원리를 자연스럽게 심어주고, 이를 바탕으로 자녀의 학업 잠재력을 극대화하는 방법을 제시합니다. 부모의 세심한 분석과 의도적인 대화를 통해 자녀는 학습의 본질을 이해하고, 자신의 잠재력을 한층 더 성장시킬 수 있습니다.

김경범, 서울대 교수, 전) 대통령직속국가교육회의 위원, 교육부 대입정책자문위원장

변화하는 입시 환경, AI 기반 학습, 고교학점제와 같은 새로운 학습 흐름에 발맞춰, 학생들의 학업 역량을 실질적으로 향상시킬 수 있는 효과적인 학습법이 필요합니다. 이 책은 부모와 자녀 간의 소통을 더 효과적이고 의미 있게 만들어 줄 다양한 사례와 실천적인 가이드라인을 제공합니다. 부모가 일상 속에서 자녀에게 건넬 수 있는 영향력 있는 격려의 말과 이를 통해 학습 방법을 자연스럽게 유도하는 방법이 담겨 있습니다. 이러한 내용은 자녀의 학습 태도와 방법을 개선하고, 궁극적으로 학업 성취를 높이는 데 큰 도움을 줄 것입니다.

이만기, 유웨이 중앙교육 부사장, 유웨이 교육평가연구소 소장,《2025대한민국 교육키워드》저자

차례

머리말 . 6
추천의 글 . 8

1 스스로 세운 계획 꿈을 향한 첫걸음

계획과 목표 설정

스스로 학습 방법을 점검하고 개선해보자 . 19
더 나은 학습을 위한 셀프 리셋 전략
   효율적인 학습 방법 개발 . 19
   자기 평가 능력을 향상 . 21
   지속적인 성장과 발전 . 23

학습 성과를 기록하고 평가해보자 . 25
작은 기록이 큰 변화를 만든다
   학습 과정의 시각화 . 25
   자기 인식의 능력을 향상 . 27
   구체적인 목표 설정 . 28
   자기 평가를 통한 피드백 . 29
   장기적 성과 추적 . 31

오늘 해야 할 일을 목록으로 작성해보자 . 34
계획은 꿈을 현실로 만드는 도구
   계획의 중요성 . 34
   집중력과 시간 관리 . 37
   성취감과 자기 관리 . 39

학습 목표를 친구나 가족과 공유해보자 . 42
공유하면 두 배로 강해지는 학습 동기

책임감과 의지 강화 . 42

구체적인 목표 설정 . 44

주기적인 점검의 중요성 . 46

학습 목표 공유와 점검 . 47

계획을 세우고 그 계획에 따라 공부해보자 . 50

체계적인 학습 습관을 만드는 첫걸음

효율적인 시간 관리 . 50

학습의 체계적 접근 . 52

성취감 . 54

2 시간을 내 편으로 집중력을 높이는 비법

시간 관리와 집중력 향상

꾸준히 하는 것이 중요해 하루에 조금씩이라도 계속하자 . 59

작은 습관이 큰 변화를 만든다

지속적인 학습 . 59

습관의 힘 . 61

적응적 학습 . 63

힘든 시간도 지나가고 결국 네가 원하는 곳에 도달할 거야 . 67

어려움은 잠시, 꿈은 영원하다

긍정적인 마인드 . 68

목표 지향적인 태도의 중요성 . 70

끈기와 인내의 가치 . 73

다른 사람들과 함께 공부하는 것도 좋은 방법이야 . 76

협력 속에서 배우는 지혜

학습 내용의 명확한 이해 증진 . 77

학습 내용의 심화와 응용 . 79

네가 좋아하는 과목이나 주제를 찾으면 공부가 더 재미있어질 거야 . 84

흥미와 열정을 학습의 동력으로

내적 동기 부여 . 84

학습의 재미 . 86

심도 있는 학습 . 88

복잡한 문제는 단계별로 나눠서 생각해보자 . 91

문제 해결의 기본 원칙, 작은 단계로 큰 목표 이루기

복잡한 문제의 구조화 . 91

논리적 사고 훈련 . 93

긍정적인 학습 효과 . 95

3 더 똑똑하게 공부하는 나만의 학습 전략

학습 방법과 전략

문제집을 풀 때는 답을 바로 보지 말고 생각해보는 시간을 가져보자 . 101

문제를 해결하며 사고력을 길러보자

다양한 접근 방식으로 분석하기 . 101

기억과 이해의 강화 . 106

예습을 통해 수업 내용을 미리 알아보는 것도 좋아 . 110

준비된 자에게 기회는 온다

수업 이해도 향상 . 111

자기 주도 학습 습관 형성 . 113

기억력 강화 . 116

자주 틀리는 문제는 따로 정리해두자 . 119

실수는 성공의 발판

약점 파악과 보완 . 119

효율적인 복습 . 121

심화 학습의 기회 . 123

지속적인 학습 동기 부여 . 126

어려운 문제는 쉬운 문제부터 해결하고 나중에 다시 도전해보자 . 129

작은 성공이 만드는 큰 요약

학습의 점진적 발전 . 129

문제 해결의 유연성 . 132

학습 효율성 . 133

읽기만 하지 말고 쓰면서 공부해보자 . 137

손으로 쓰며 기억을 오래 새기는 비법

반복과 강화 . 137

문해력과 표현력 향상 . 140

이해도 증진 . 143

집중력 향상 . 144

여러 번 읽기보다는 중요한 내용을 요약해보자 . 148

핵심 정리의 기술, 공부의 효율을 높인다

이해력 향상 . 148

기억력 강화 . 151

능동적 학습 . 153

어려운 부분은 여러 번 반복해서 공부해보자 . 157

반복의 힘, 이해와 암기를 동시에

반복 학습의 중요성 . 157

인지 심리학적 근거 . 160

학습의 점진적인 향상 . 162

자기 전에는 그날 배운 내용을 다시 복습해보자 . 167

복습의 힘으로 학습을 완성하자

정보의 강화와 기억의 전이 . 168

자기 평가와 이해도 확인 . 169

장기적인 학습 습관 . 171

4 내 주변을 학습의 무대로 만드는 방법

환경과 도구 활용

다양한 자료를 활용해서 공부해보자 . 177

다각도로 접근하며 깊이 있는 학습하기

다양한 시각과 접근 방식의 이점 . 178

다양한 자료를 통한 문제 접근과 심화 학습 . 178

학습 습관 형성과 지속적인 동기 부여 . 180

다양한 자료 활용을 통한 맞춤형 학습 . 182

정보의 다양성과 깊이 . 183

공부한 내용을 노트에 정리해보자 . 187

기억을 오래 간직하는 효율적인 복습법

체계적 정리와 학습 능력 향상 . 187

성과의 기록과 평가 . 189

효율적인 복습 도구 . 191

문해력 향상 . 192

네가 좋아하는 방식으로 공부해도 괜찮아 . 194

나만의 학습법 찾기, 공부도 개성 시대

개인 맞춤 학습의 효율성 . 194

자신만의 학습 스타일로 강점을 강화하기 . 197

최적의 학습 방법 찾기 . 199

규칙적인 생활 습관이 학습 효율을 높여줘 . 202

성공은 습관에서 시작된다

시간 관리의 능력 . 202

일관성과 집중력 . 205

자신감과 스트레스 해소 . 207

5 지치지 않는 자신을 만드는 셀프 관리법

자기 관리와 동기 부여

목표 달성 후에는 스스로에게 작은 보상을 주자 . 213

성취감을 유지하는 동기 부여의 비밀

즉각적인 긍정 강화 . 214

목표 설정과 동기 부여 . 215

보상의 심리적 효과 . 216

적극적으로 질문하고 답을 찾는 과정이 중요해 . 220

호기심이야 말로 최고의 선생님

호기심과 학습의 연관성 . 221

호기심과 질문을 통해 학습을 깊이 있게 이해하기 . 221

AI 기반 학습 시대에 맞춘 질문의 중요성 . 223

문제 해결 능력과 비판적 사고력 . 226

대학 시험 변화에 따른 능동적인 학습 태도의 필요성 . 227

학습의 즐거움과 지속 가능성 . 229

적극적으로 질문하고 답을 찾는 자세 . 231

너의 끈기와 인내가 결국 성공의 열쇠가 될 거야 . 235

포기하지 않는 힘, 끝내 이뤄내는 비결

끈기와 인내의 중요성 . 235

내재적 동기 강화 . 238

끈기와 인내의 효과 . 240

결과보다는 과정이 더 중요해

얼마나 열심히 했는지가 더 큰 의미 . 244

노력의 깊이가 성공의 밑거름

실패를 통한 성장 . 245

실패는 학습과 성장의 기회 . 249

동기 부여와 자아 존중감 . 252

긍정적인 마음가짐이 학습 능률을 높여줘 . 256

자신감을 키우는 학습 태도의 비밀

주도적인 학습과 긍정적인 관계 형성 . 257

동기 부여와 지속적인 노력 . 259

자기 효능감 증가 . 260

작은 진전도 큰 성취의 시작이야 . 264

한 걸음이 변화의 시작

작은 진전의 중요성 . 264

연속적인 학습 과정 . 266

목표 설정과 성취 . 269

1

스스로 세운 계획
꿈을 향한 첫걸음
-계획과 목표 설정-

스스로 학습 방법을
점검하고 개선해보자

더 나은 학습을 위한 셀프 리셋 전략

자신의 학습 방법을 점검하고 개선하는 것은 자녀가 학업에 대해 주체적이고 능동적인 태도를 갖게 하는 중요한 과정입니다. 자녀가 자신의 학습 방법을 지속적으로 점검하면서 개선해 나가면, 학업 성과가 눈에 띄게 향상됩니다.

이 과정에서 자신만의 학습 전략을 개발하여, 이를 통해 자녀는 학습에 대한 자신감을 얻게 되고, 장기적으로 더 큰 학업 성공을 이루는 데 필요한 기반을 마련하게 됩니다.

효율적인 학습 방법 개발

자녀가 효율적으로 공부하기 위해서는 다양한 학습 방법을 시도해 보고, 무엇이 자신에게 가장 잘 맞는지 스스로 파악하는 과정이 필요합니다. 예를 들어, 자녀가 시각적 자료를 활용하여 정보를 더 쉽게 기억하는지, 아니면 반복 학습을 통해 더 깊이 이해하는지를 점검할 수 있습니다. 이러한 점검 과정을 통해 자녀는 자신의 학습 스타일과 능력에 맞는 개인 맞춤형 학습 전략을 찾을 수 있게 됩니다.

다양한 학습 방법의 구체적 실천 방법

1. **AI 학습앱을 활용한 반복 학습** : 학습앱의 퀴즈나 복습 기능을 활용하여 개념을 재확인하고, 특정 약점을 분석해 보완할 방법을 찾습니다.
2. **시각적 자료와 요약 노트 사용** : 과학이나 사회탐구 과목에서는 주요 개념과 흐름을 시각적으로 정리해보는 방법을 시도할 수 있습니다. 학습 후 마인드맵이나 도식화된 자료를 만들어 복습에 활용하면 효과적입니다.
3. **소리 내어 읽기와 녹음** : 국어 독서나 영어 지문을 소리 내어 읽고 녹음하여, 이후 스스로 들어보며 내용을 반복적으로 익히는 방법도 학습 효율성을 높일 수 있습니다.

★

자녀가 여러 가지 학습 방법을 시도하면서 스스로 개선해 나가는 과정은 매우 중요한 데, 이는 학습 효율성을 크게 높이고, 궁극적으로 학업 성취도를 극대화하는 데 큰 기여를 합니다. 이때 부모님이 자녀에게 다양한 학습 방법을 시도해 보도록 격려하며, "이 방법은 어땠어? 다른 방식으로 해보는 건 어떨까?"와 같은 대화로 자녀가 주도적으로 자신의 학습 전략을 찾을 수 있도록 돕는 것이 중요합니다.

★

자녀가 다양한 학습법을 시도하면서 효과를 비교하고 분석하는 과정은 매우 중요한 자기 주도 학습의 일환입니다. 고교학점제에서는 자신이 선택한 과목에서 주도적으로 학습해야 하므로, 맞춤형 학습 전략이 필수적입니다. 예를 들어, 수학에서는 문제 풀이 중심의 반복 학습이 필요하지만, 사회 과목은 핵심 개념 요약과 사례 분석이 효과적일 수 있습니다. 중간고사나 기말고사 이후, 자녀와 함께 어떤 학습 방법이 효과적이었는지 평가하는 것이 좋습니다.

이러한 점검과 개선의 과정을 통해 자녀는 자신에게 가장 적합한 방법을 발견하고, 스스로 학습의 방향을 조정하는 능력을 기르게 됩니다.

자기 평가가 능력을 향상

학습 방법을 점검하는 것은 자녀가 자신의 학습 과정과 성과를 비판적으로 평가하는 데 도움이 됩니다. 자녀가 스스로 학습 과정에서 잘한 부분과 개선이 필요한 부분을 파악하면, 더 나은 학습 계획을 세우고 실천할 수 있습니다. 이러한 반성적 사고는 자녀의 전반적인 문제 해결 능력과 논리적 사고력을 향상시키는 데 중요한 역할을 합니다.

탐구보고서 작성과 점검

학생부 종합전형 준비를 위해 탐구보고서를 작성할 경우, 작성 후 스스로 다음과 같은 질문을 던지며 평가할 수 있습니다.

*보고서 내용이 논리적이고, 설득력 있는가?
*구체적인 사례와 데이터를 충분히 활용했는가?
*부족한 부분을 보완하기 위해 추가적으로 어떤 자료를 조사해야 할까?

이러한 자기 점검은 보고서의 질을 높이는 데 도움을 줄 뿐 아니라, 논리적 사고력도 키울 수 있습니다.

학습 방법을 점검하고 개선하는 과정에서 자녀는 학습 목표를 설정하고 이를 달성하기 위한 구체적인 전략을 세울 수 있습니다. 자녀가 학습 방법을 점검하고, 개선하는 과정을 혼자 진행하기 어려울 때, 부모의 역할이 중요합니다.

"지난번 시험 준비 과정에서 뭐가 효과적이었어? 다음엔 어떤 방식으로 하면 더 나을까?"

"AI 학습앱이 추천한 추가 자료를 활용해 봤니? 어떤 자료가 더 이해하기 쉬웠어?"

지속적인 성장과 발전

자녀가 자신의 학습 방법을 지속적으로 점검하면서 개선하려고 노력하는 과정에서, 학습에 대한 '성장 마인드셋'이 형성됩니다. 자녀는 학습 과정에서 실패를 긍정적으로 받아들이고, 지속적으로 자신을 발전시키는 자세를 가지게 됩니다.

마인드셋의 구체적 실천

*실패를 긍정적으로 인식하기
시험에서 낮은 점수를 받거나 과제에서 어려움을 겪었을 때, 자녀가 이를 개선의 기회로 활용할 수 있도록 돕습니다. 예를 들어, 수학에서 "미적분 파트가 약하다면 어떤 방식으로 다시 공부할 수 있을까?"라는 질문을 통해 부족한 부분을 구체적으로 파악하고 대처 방법을 계획하게 합니다.

*개선 과정을 기록하기
자녀가 매일 학습 후 자신의 학습 과정과 결과를 기록하게 합니다. "오늘 배운 내용을 다시 설명할 수 있는가?", "틀린 문제의 원인은 무엇인가?"와 같이 기록할 수 있습니다. 기록은 "영어 단어 30개 중 20개는 외웠지만, 나머지 10개는 어원 분석을 활용하지 않아서 기억하기 어려웠다. 내일은 어원 기반으로 다시 외워 보겠다"와 같은 내용이 예가 될 수 있습니다.

이는 자녀가 학습의 어려움을 극복하고, 더 나은 성과를 얻기 위해 끊임없이 노력하게 만드는 긍정적인 사고방식입니다. 학습 방법의 점검과 개선은 단기적인 학습 성과뿐만 아니라, 자녀의 장기적인 학업 성공에도 큰 영향을 미칩니다. 자녀가 스스로 학습 방법을 개선하는 습관을 가지게 되면, 이는 고등교육이나 직업 세계에서도 유용한 기술이 됩니다.

입시에서의 활용

1. 수능 대비 학습 방법 개선
국어 과목에서 문제 풀이 속도가 느려 어려움을 겪는 경우, AI 문제 풀이앱에서 제공하는 '시간 관리 훈련' 기능을 활용해 특정 시간 안에 문제를 푸는 연습을 할 수 있습니다.
2. 학생부 종합전형 준비
탐구보고서를 작성할 때, 매주 작성 내용을 스스로 평가하도록 합니다.
*평가 질문 : "보고서 주제에 대한 이해도가 명확한가?", "자료 해석과 결론이 논리적인가?"
*개선 예시 : "자료의 양은 충분했으나, 논리적으로 연결되지 않아 수정이 필요하다. 다음 주까지 문헌 연구를 추가하고 결론 부분을 다시 작성하겠다."

학습 성과를
기록하고 평가해보자

학습 성과를 기록하고 평가하는 습관은 자녀가 자신의 학습 패턴을 이해하고, 발전하는 과정을 추적하는 데 매우 효과적입니다. 자녀는 성취를 하나씩 축적해 나가며, 자기 효능감을 증진시키고, 학업에 대한 자신감을 쌓을 수 있습니다.

자녀가 학습 과정을 기록하고 이를 바탕으로 평가하는 습관을 통해 자신의 학업 잠재력을 최대로 발휘할 수 있습니다. 이러한 기록과 평가를 통해 더 나은 학습 전략을 세울 수 있습니다. 이는 장기적인 성장과 발전을 확인하게 해주며, 목표 설정과 시간 관리 능력을 기르는 데 큰 도움이 됩니다.

학습 과정의 시각화

학습 성과를 기록하는 것은, 자녀가 자신의 학습 과정을 시각적으로 확인할 수 있게 합니다. 어떤 과목에서 어떤 성과를 거두었는지, 어디에서 어려움을 겪고 있는지를 명확히 파악하게 해줍니다. 이를 통해 자녀는 학습의 흐름을 분석하고, 학습의 강점과 약점을 효과적으로 파악할 수 있습니다.

학습 과정을 시각화함으로써 자녀는 자신의 노력이 구체적인 결과로 나타나는 것을 볼 수 있습니다. 예를 들어, 매일 또는 매주 성과를 그래프로 기록하면, 자녀는 시간에 따른 학습 진전을 한눈에 확인할 수 있습니다.

자녀가 매주 학습한 분량과 성취도를 색깔별로 표시한 캘린더를 확인하면서 학습의 성취감을 느낄 수 있습니다. 특정 과목에서 반복적으로 오답률이 줄어드는 그래프를 보며 자신감을 얻고, 더 많은 시간을 투자하려는 동기가 부여됩니다.

자녀가 자신의 학습 과정을 기록하고 이를 평가하는 과정은 단순한 기록 이상의 의미를 가집니다. 변화하는 교육 환경에 적응하고, 시험 준비를 체계적으로 진행하는 데 필수적인 도구입니다.

자녀는 성취를 시각적으로 확인함으로써 학습에 대한 긍정적인 감정을 경험하게 되며, 자신이 설정한 목표를 달성할 때마다 성취감을 느낄 수 있습니다. 이러한 성취감은 지속적인 동기 부여의 원천이 되며, 자녀가 더 큰 목표에 도전할 수 있는 자신감을 키워줍니다.

자기 인식의 능력을 향상

학습 기록을 통해 자녀는 자신의 학습 스타일과 패턴을 더 깊이 이해할 수 있습니다. 학습 과정에서 어떤 방법이 효과적이었고, 어느 시기에 학습 성과가 더 좋았는지를 분석하면서 자녀는 자신의 학습 방법을 객관적으로 평가하게 됩니다. 이를 바탕으로 자녀는 더 효율적인 학습 방법을 찾아내고, 개선해 나갈 수 있습니다.

학습 기록 분석 및 실천 방법

*일일 학습 일지 작성 : 학습 시간, 집중도, 학습 성과(모의고사 점수, 과제 완료 여부)를 간단히 기록
*주간/월간 리뷰 : 기록을 바탕으로 효과적인 학습 방법과 부족한 부분을 분석
*패턴 찾기 : 특정 시간대에 집중력이 높거나, 특정 과목에서 반복적으로 어려움을 겪는지 확인

이 과정에서 자기 인식의 능력이 향상되면, 자녀는 학습의 주체로써 더 큰 역할을 하게 됩니다. 단순히 지시를 따르는 수동적인 학습자에서 벗어나, 스스로 학습 목표를 설정하고 그에 맞는 계획을 세우며, 자신의 학습 과정을 주도적으로 관리하는 능력을 얻게 되는 것입니다.

구체적인 목표 설정

학습 성과를 기록하는 과정에서 자녀는 구체적인 목표를 설정하게 됩니다. 매일 학습 목표와 성취 여부를 습관적으로 기록하고, 주간/월간 성과를 살펴보고 목표의 실현 가능성과 효과를 점검하게 됩니다.

목표는 자녀가 무엇을 달성하고자 하는지를 명확하게 보여주며, 이는 학습 과정에서 중요한 동기 부여의 원천이 됩니다. 구체적인 목표는 자녀가 학습의 방향을 명확하게 인식하도록 도와주고, 그 목표를 향해 집중할 수 있는 길을 제시합니다.

학습 데이터를 기반으로 목표를 구체화하고 성과를 관리하는 것은 학습 효율을 극대화하는 데 중요한 역할을 합니다. 자녀의 학습 과정을 세밀히 점검하면서 취약점을 보완해 나가는 과정을 통해 학습 목표를 명확히 설정할 수 있습니다.

목표를 설정하고 이를 기록하는 과정에서 자녀에게 학습에 대한 주도성을 부여합니다. 자녀는 자신이 이루고자 하는 바를 스스로 정의하고, 이를 달성하기 위해 집중력을 발휘할 수 있습니다. 취약점을 보완하고 목표를 구체화하려면 체계적인 점검과 꾸준한 기록이 필수입니다.

이러한 과정을 통해 자녀는 자신만의 학습 전략을 개발하고, 이를 통해 성과를 한 단계씩 높여 나갈 수 있습니다.

명확한 목표 설정

중학생 민수는 평소 공부를 그저 해야 하는 일로만 생각했습니다. 학교에서 주어진 과제를 완수하고 시험을 보는 것이 그의 일상이었지만, 그 과정에서 특별한 목표나 성취감은 느끼지 못했습니다. 시험 성적도 크게 신경쓰지 않았고, 뚜렷한 학습 방향이 없었기 때문에 공부할 때 집중력도 자주 떨어졌습니다.

민수 부모님은 진지하게 대화하면서 구체적인 학습 목표를 설정해 보라고 권유했습니다. 처음에는 무엇을 목표로 해야 할지 막연했지만, 민수는 1년 동안 영어 성적을 10점 올리겠다는 목표를 세웠습니다. 단순히 성적 향상이 아니라, 매일 영어 단어 20개씩 외우고 주 2회 영어 듣기 연습을 하는 구체적인 계획도 함께 수립했습니다.

목표가 명확해지자 민수는 더이상 무의미하게 공부하지 않았습니다. 매일 아침 일어나면 자신이 외울 단어 리스트와 듣기 파일을 준비하며 목표를 향해 조금씩 나아가는 성취감을 느꼈습니다. 학습 과정에서 방황하던 시간이 줄어들었고, 목표에 집중하면서 민수는 스스로 학습을 관리하는 법도 배우게 되었습니다. 시험이 다가올수록 민수는 목표를 향해 가고 있다는 뿌듯함을 느꼈고, 시험 성적이 오를 때마다 자신감이 더욱 커졌습니다.

자기 평가를 통한 피드백

학습 성과를 기록한 후 이를 평가하는 과정에서 자녀에게 중요한 피드백을 얻게 됩니다. 무엇이 잘 되는지, 어떤 부분을 개선해야 하는지를 명확히 파악할 수 있으며, 이를 바탕으로 학습 전략을 수정하고 더욱 효과적인 방향으로 발전시킬 수 있습니다.

자기 평가는 단순히 잘한 점과 부족한 점을 구분하는 것이 아니라, 자녀가 스스로 학습 과정을 돌아보고 다음 단계의 방향성을 설정하며 더 효과적인 방법을 찾는데 핵심적인 역할을 합니다.

입시에서 수시와 정시는 각각 다른 학습 전략을 요구합니다. 시각화를 통해 수능 대비 과목의 성취도와 수시 준비 과정을 분리하면, 두 가지를 동시에 준비하는 데 큰 도움이 됩니다. 수능 과목의 모의고사 점수를 월별로 그래프로 정리하여 학습 진도와 성과를 확인할 수 있고, 수시 활동을 타임라인으로 정리해 면접 준비 자료로도 활용할 수 있습니다.

평가를 통해 준비 과정 점검

고등학교 2학년인 지민이는 수시 준비를 하면서 꾸준히 활동을 해왔지만, 자신의 준비가 제대로 진행되고 있는지 확신이 서지 않았습니다. 봉사 활동, 동아리 활동, 탐구보고서 작성 등 다양한 비교과 활동을 해왔지만, 무엇이 부족하고 무엇을 잘하고 있는지 알지 못한 채, 불안한 마음으로 시간을 보내고 있었습니다.

그러던 중 교사 친구가 있는 아빠가 자신의 수시 준비 과정을 스스로 평가해 보라고 조언해 주었습니다. 지민이는 처음에는 막막했지만 다양한 활동들을 하나하나 정리하며 자기 평가표를 작성해 보기로 했습니다.

먼저, 수시 준비 과정에서 해온 활동들을 학기별로 나누어 기록하고, 각 활동에서 얻은 성과와 부족했던 부분을 스스로 평가하기 시작했습니다. 예를 들어, 동아리 활동에서 팀 프로젝트를 주도적으로 진행한 부분은 긍정적으로 평가했지만, 봉사 활동에서 지속성이 부족했던 점은 개선이 필요하다고 느꼈습니다.

이 과정에서 지민이는 객관적으로 자신의 수시 준비 과정을 돌아보게 되었고, 단순히 활동 개수를 채우는 것이 아니라 각 활동의 깊이와 성과가 중요하다는 점을 깨닫게 되었습니다. 자기 평가를 통해 부족했던 부분을 인식했습니다. 탐구보고서에 대한 피드백을 받기 위해 선생님과 상담 시간을 마련하여 수정할 부분을 보완하는 계획을 세웠습니다.

자기 평가를 통해 지민이는 수시 준비 과정에서 잘하고 있는 점과 부족한 부분을 명확히 알게 되었고, 앞으로 어떤 방향으로 나아가야 할지 구체적인 계획을 세울 수 있었습니다.

장기적 성과 추적

학습 성과를 꾸준히 기록하는 것은 자녀가 장기적인 성장 과정을 추적하는 데 큰 도움이 됩니다. 학습은 단기적인 성취보다 오랜 시간에 걸친 발전이 더 중요하기 때문에, 자녀가 일정한 기간 동안 어떤 성과를 이루어냈는지 확인하고, 이를 바탕으로 앞으로의 학습 방향을 설정하는 것은 필수적입니다.

오답률, 학습 시간, 심화 학습 여부 등의 학습 분석 데이터를 정기적으로 정리하여 변화 추이를 분석하면 학습 패턴과 성과를 파악할 수 있습니다. 이러한 분석을 통해 자녀가 부족한 영역을 명확히 확인하고, 이에 맞는 보충 학습 계획을 수립할 수 있습니다. 매달 학습 결과를 점검하고 구체적인 데이터를 바탕으로 학습 방향을 조정하면, 단순히 학습량을 늘리는 것 이상의 효과를 기대할 수 있습니다.

자녀가 자신의 성장을 지속적으로 확인하고 평가하면서 학습의 중요성을 깨닫고, 자신이 달성할 수 있는 학업 잠재력에 대한 믿음을 가지게 됩니다.

이러한 과정에서 자녀는 점차 학습에 대한 긍정적인 태도를 형성하게 되고, 단기적인 성과에 얽매이지 않고 장기적인 목표를 바라보는 태도를 기르게 됩니다.

입시에서 유리

고교학점제에서는 자녀가 선택한 과목의 학업 성취도와 활동 기록이 중요합니다. 장기적인 성과 기록은 단기 시험 점수뿐 아니라, 자녀의 심화 학습 과정과 진로 연계 학습을 입증하는 자료로 사용될 수 있습니다.

사회탐구 과목에서 수행한 토론 주제와 논의 과정을 학생부에 기록할 수 있습니다. 또한 심화 과목의 프로젝트 결과물을 연도별로 정리하면 진로 목표와 연관된 성취를 강조할 수 있습니다. 이 모든 노력이 수시 전형에서 유리하게 작용합니다.

학습 과정에서 실천할 수 있는 구체적인 방법

실천 방안	구체적인 방법	효과
목표 설정	−주간/월간 목표 설정 −목표 달성을 위한 계획 수립	−명확한 목표 설정으로 동기 부여 −집중력 향상
학습 성과 기록	−매일/매주 학습 성과 기록 −성과 그래프 또는 차트 작성	−성과 시각화로 학습 흐름 파악 −성취감 증진
자기 평가	−주기적인 자기 평가 −성과 분석 및 피드백 작성	−개선점 발견 및 학습 전략 수정 −자기 효능감 증진
장기적 추적	−장기 성과 기록 유지 −성과 변화 추적	−장기적인 성장 과정 파악 −지속적인 동기 부여

오늘 해야 할 일을
목록으로 작성해보자

계획은 꿈을 현실로 만드는 도구

자녀가 학습을 체계적으로 관리하고, 집중력과 시간 관리 능력을 향상시키며, 학습에 대한 자신감을 높이기 위해서는 하루 계획을 세우는 것이 매우 중요합니다.

목표를 설정하고 그날 해야 할 일을 목록으로 작성하는 것은 자녀가 자기 주도적인 학습 습관을 기르는데 필수적인 역할을 합니다. 이를 통해 자녀는 학업에서 더 큰 성취를 이루고, 자신의 잠재력을 최대한 발휘할 수 있습니다.

계획의 중요성

하루 동안 해야 할 일을 구체적으로 목록으로 작성하는 습관은 자기 학습과 생활을 체계적으로 관리하는 데 큰 도움을 줍니다. 구체적인 목록을 작성함으로써 자녀는 그날의 과제와 목표를 명확히 파악할 수 있습니다.

이러한 명확한 목표 설정은 자녀가 학습에 대한 구조와 조직력을 형성하게 도와주며, 궁극적으로 시간 관리 능력을 크게 향상시킵니다. 고교학점제는 학생의 자기 주도적 학습 능력을 요구합니다. 자신이 이수할 과목을 선택해야 하고, 이를 기반으로 대학 입시와 자신의 진로를 설계해야 합니다. 이 과정에서 계획을 세우는 능력은 필수적입니다.

목록을 작성하면 자녀는 학습 목표를 시각적으로 확인할 수 있고, 이를 달성하기 위한 동기 부여가 강화됩니다. 목록에 적힌 항목을 하나씩 완료해 나가면서 성취감을 느끼게 됩니다. 부모는 자녀가 이러한 계획을 구체적으로 세우도록 도와주며, 학습의 흐름을 놓치지 않도록 격려해야 합니다.

과제와 목표의 명확한 관리

중학생인 현우는 매일 숙제와 시험 준비로 바쁜 생활을 하고 있었습니다. 하지만 종종 해야 할 일을 놓치거나, 시간이 부족해 끝내지 못하는 경우가 많아 스트레스를 받았습니다. 이 문제를 해결하기 위해 현우의 부모님은 하루 동안 해야 할 일의 목록을 작성하는 습관을 권장했습니다.

처음에는 현우도 계획을 세우는 것이 귀찮고 불필요하다고 생각했지만 매일 아침 간단하게 목록을 작성하기 시작했습니다. 예를 들어, "수학 숙제 풀기, 사회 시험 준비하기"와 같은 구체적인 학습 목표를 정리했습니다. 그날 해야 할 일을 한눈에 볼 수 있게 하니, 현우는 하루를 더 체계적으로 관리할 수 있게 되었고, 학습의 우선순위도 명확히 알게 되었습니다.

시간이 지나면서 목록에 적힌 일을 하나씩 완료할 때마다 성취감을 느꼈고, 그 성취감이 그다음 과제를 더 적극적으로 해결하면서 목록 작성의 효과를 체감하기 시작했습니다. 보다 중요한 것은 이를 실천하면서 시간 관리 능력이 크게 향상되었고, 학습에 대한 자신감이 높아졌습니다.

효과적인 학습 계획은 구체적이고 작게 분할된 목표로 구성되어야 합니다. 목록에 적힌 각 항목을 작고 구체적인 목표로 설정하면, 자녀는 이를 쉽게 달성할 수 있습니다. 작은 목표를 하나씩 완성해 나가면서 성취감을 느끼고, 큰 과제를 해결할 때의 부담감을 줄일 수 있습니다. 막연하게 "공부하기"라는 목표를 세우는 것보다 "수학 문제 10개 풀기", "영어 단어 20개 외우기"와 같이 구체적으로 설정된 목표가 훨씬 실행 가능하고 성취하기 쉽습니다. 작은 목표를 하나씩 완성해 나가면 자녀는 그 과정에서 성취감을 느끼고, 큰 과제를 해결할 때의 부담감이 줄어들게 됩니다.

진학 준비에서도 계획적인 학습의 중요성은 더욱 부각됩니다. 수시 전형에서 세부 능력 및 특기 사항 기록은 학생이 장기간 꾸준히 계획적으로 학습하고 활동했다는 점을 보여주는 핵심 자료입니다.

집중력과 시간 관리

목표가 불분명할 때 사람은 쉽게 산만해지기 마련입니다. 자녀가 하루 동안 해야 할 일을 목록으로 작성하면 어떤 작업에 집중해야 하는지 명확히 이해할 수 있습니다. 이러한 집중력은 학습 효율성을 높이는 데 매우 중요한 역할을 하며, 자녀가 학습 과정에서 목표 지향적으로 행동하게 만듭니다.

목록 작성은 또한 자녀가 하루 동안 해야 할 일을 시간별로 배분하는 데 도움을 줍니다. 각 과제에 할당된 시간을 미리 계획함으로써 자녀는 시간 관리 능력을 길러주며, 제한된 시간 내에 최대의 성과를 내는 습관을 형성하게 합니다.

예를 들어, 자녀가 "영어 단어 30개 암기"라는 목표를 세웠다면, 이를 30분 안에 끝내겠다는 계획을 세우고 실행할 수 있습니다. 이러한 과정은 시간 감각을 키워주고, 학습 활동을 보다 체계적으로 관리하게 만듭니다.

목록 작성으로 관리되는 일정

입시를 준비하는 고등학생인 진수는 수능뿐만 아니라 수시로 지원할 대학의 비교과 활동과 논술 준비도 함께 해야 하는 상황에 놓여 있었습니다. 수능 공부에 많은 시간을 투자해야 하지만, 비교과 활동 기록 작성과 논술 준비도 소홀히 할 수 없었습니다. 하루가 끝나면 해야 할 일이 밀려 있어 스트레스를 받았고, 시간 관리에 어려움을 느끼고 있었습니다.

그러던 중 진수는 진로 교사에게 받은 조언대로 하루 해야 할 일을 목록으로 작성하는 습관을 들이기 시작했습니다. 매일 아침, 진수는 그날 해야 할 공부와 비교과 준비 항목을 적어두었고, 각 항목에 시간을 배정했습니다.

예를 들어, 오전에는 수능 국어와 수학 문제를 풀고, 오후에는 비교과 활동 기록을 정리하며, 오후에는 논술 연습을 하는 식으로 구체적인 계획을 세웠습니다.

이렇게 계획을 시각적으로 확인할 수 있게 되자 진수는 하루를 체계적으로 관리할 수 있게 되었습니다. 목록에 적힌 항목을 하나씩 지우면서 성취감을 느꼈고, 더 나아가 각 과제에 할애한 시간이 적절한지 스스로 평가하면서 시간 관리 능력도 향상되었습니다. 진수는 더이상 무엇을 해야 할지 고민하지 않고, 집중력을 유지하며 하루를 효율적으로 보낼 수 있었습니다.

효과적인 시간 관리를 위해 학습 목표를 설정하고 이를 달성하기 위한 학습 계획을 세울 수 있습니다. 예를 들어, 수학의 확률과 통계 단원을 완벽히 이해하는 것을 목표로 한다면, 기본 개념 학습, 예제 문제 풀이, 심화 문제 해결을 단계적으로 나눠 학습 일정을 작성할 수 있습니다.

학습 진척 상황을 확인하면서, 현재 학습이 얼마나 진행되었는지 파악하고, 필요한 부분을 보완하거나 추가 학습 계획을 세울 수 있습니다.

효과적인 시간 관리는 자녀가 과도한 스트레스에 시달리지 않도록 해 줍니다. 학업에 쏟아야 할 시간과 여가 시간을 균형 있게 배분함으로써 자녀는 학업에서 오는 부담을 덜고, 스트레스 없이 학습에 몰입할 수 있습니다. 스트레스를 줄이는 것은 자녀가 지속적으로 학습에 대한 동기를 유지하는 데 중요한 요소이며, 더 나아가 자녀가 학업에 대한 자신감을 쌓는 기회가 됩니다.

성취감과 자기 관리

목록에 적힌 일을 하나씩 완료해 나가면서 자녀는 성취감을 느낄 수 있습니다. 이 성취감은 학습에 대한 긍정적인 태도를 형성하고, 지속적으로 학업에 몰입할 수 있는 동기를 부여하는 중요한 요소입니다.

자녀가 스스로 설정한 목표를 달성했다는 느낌은 학습에 대한 자신감을 높이는 데 크게 기여합니다. 이로 인해 자녀는 학업에 대한 책임감을 키우고, 더 나아가 도전 과제에 대해 긍정적인 태도를 유지할 수 있습니다.

심화 과목인 "물리Ⅱ"에서 실험보고서를 완성했을 때, 스스로 설정한 목표를 달성했다는 성취감은 학업에 대한 책임감을 강화합니다. 이는 이후의 어려운 과제나 프로젝트에도 긍정적으로 도전할 수 있는 밑바탕이 됩니다.

목록을 작성하고 이를 실행하는 과정에서 자녀는 자연스럽게 자기 관리 능력을 키우도록 돕습니다. 자녀는 스스로 계획을 세우고, 이를 실천하며, 자신의 진도를 꾸준히 점검하는 과정에서 자기 주도적인 학습 습관을 기르게 됩니다.

학습 과정 중 실시간으로 피드백을 제공해 학생이 자신의 진척도를 정확히 파악하고, 필요한 보완 학습을 계획하도록 돕습니다. 이는 자기 주도적 학습 능력을 강화하는 데 큰 역할을 합니다.

이러한 습관은 단기적으로 학업 성취에 도움이 되며, 장기적으로는 자녀의 학습 잠재력을 극대화하는 데 중요한 역할을 합니다.

목록을 작성할 때, 자녀는 각 항목의 중요성과 긴급성을 스스로 평가하여 우선순위를 설정하게 됩니다. 중요한 과제나 시급한 일을 먼저 해결하고, 덜 중요한 과제는 나중에 처리하는 방식으로 효율적인 계획을 세우는 능력을 키우게 됩니다. 이러한 우선순위 설정은 자녀가 학습 과정에서 중요한 학습 과제를 놓치지 않고 기한 내에 완료하는 데 도움을 줍니다. 이는 학업에 대한 책임감을 높이고, 자녀가 성취를 경험하며 학습에 대한 자신감을 갖게 하는 중요한 기회가 됩니다.

학습 과정에서 실천할 수 있는 구체적인 방법

실천 방안	구체적인 방법	효과
목록 작성 및 계획 수립	−매일 아침 또는 전날 밤에 그날 해야 할 일을 목록으로 작성 −과목별로 할 일을 세분화하고 적절한 목표를 설정	−자녀는 명확한 목표를 갖고 학습에 임할 수 있으며, 하루의 구조가 체계적으로 정리됨
우선 순위 설정	−해야 할 일을 중요도와 긴급성에 따라 순서대로 정리 −중요한 과제부터 먼저 처리하고, 덜 중요한 일은 나중에 처리	−중요한 학습 과제를 놓치지 않고 제 때에 완료함으로써 시간 관리를 효율적으로 할 수 있음 −학습의 집중도가 향상됨
작고 구체적인 목표 설정	−큰 과제를 작은 단위로 나누기 예: "수학 문제 10개 풀기", "영어 단어 20개 외우기"	−작은 목표를 하나씩 달성하면서 성취감을 느끼고, 학습의 부담감이 줄어들며 자신감을 높임 −집중력이 향상되고, 지속적인 동기 부여가 됨
시간 관리	−각 과제에 소요될 시간을 미리 정리해 두고, 시간별로 배분하여 계획	−자녀가 스스로 시간을 관리하는 능력을 키우고, 학습과 여가의 균형을 맞출 수 있음 −스트레스를 줄이고, 학습의 효율성을 높임
중간 점검 및 조정	−하루 중간에 계획 진행 상황을 점검하고, 필요한 경우 수정	−계획을 유연하게 조정함으로써 학습에 대한 스트레스를 줄이고, 자녀가 상황에 맞게 대처할 수 있는 능력을 기르게 됨
학습 후 성찰	−하루가 끝난 후 그날 달성한 성과를 돌아보고, 다음날의 학습 목표를 설정 −미처 완료하지 못한 과제는 재배치	−성취감을 느끼고, 자신감을 높이며 지속적인 동기 부여를 강화 −다음날 더 나은 학습 계획을 세울 수 있는 기초가 마련됨

학습 목표를
친구나 가족과 공유해보자

학습 목표를 친구나 가족과 공유하는 것은 자녀가 학습에 대해 긍정적인 태도를 유지하고, 지속적으로 동기 부여를 받는데 중요한 요소입니다. 목표를 공유하면 그 목표를 달성하기 위해 더 자부심을 느끼며, 학업 성취에 대한 책임감을 갖게 됩니다.

부모의 따뜻한 한 마디는 힘든 시기에 큰 격려가 되며, 자녀가 성취감을 느끼고 자신감을 키우는 데 큰 도움을 줍니다. 또한 목표를 명확하게 설정하고 구체적인 계획을 세워 꾸준히 노력하는 습관을 기르는 데도 긍정적인 영향을 미칩니다.

책임감과 의지 강화

학습 목표를 친구나 가족과 공유하면 목표를 달성하기 위해 더 책임감이 커집니다. 혼자만의 목표보다 누군가와 약속한 목표는 더 강력한 동기 부여가 됩니다. 이러한 책임감은 목표를 이루기 위해 꾸준히 노력하고, 힘든 상황에서도 쉽게 포기하지 않도록 도와줍니다. 주변의 기대와 지지를 받으며, 목표를 달성에 대한 의지가 더욱 굳건해집니다.

새학기부터 전면 시행된 고교학점제에서는 학생 스스로 선택한 과목에 따라 목표를 세우고 학습해야 하므로, 목표를 주기적으로 점검하고 피드백을 주고받는 과정이 매우 중요합니다. 예를 들어, 자녀가 역사 과목에서 심화 주제를 선택하여 자료 조사 중이라면, 매주 금요일 가족과 함께 이번 주 학습 목표를 얼마나 달성했는지 점검해 보는 것이 좋습니다.

이렇게 주기적으로 점검하면서 부모와 자녀가 함께 목표 달성의 상황을 확인하면, 자녀가 학습 의지를 잃지 않고 꾸준히 나아갈 수 있습니다.

자녀가 학습 그룹이나 스터디 모임에 참여하는 것도 큰 도움이 됩니다. 이러한 집단에서 다른 학생들과 목표를 공유하는 것은 또 하나의 방법이 됩니다.

함께 목표를 나누고, 서로 도우며 학습하는 과정은 긍정적인 학습 환경을 조성하고, 학습의 효율성을 높입니다. 그룹 내에서 서로의 목표를 확인하고 격려하며, 목표를 함께 달성해 나가는 경험은 자녀에게 큰 성취감을 안겨 줍니다.

학습의 효율성

고등학교 1학년인 기현이는 수학 성적을 올리기 위해 학습 목표를 설정하고 이를 친구들과 공유했습니다. 그는 목표를 달성하는 과정에서 스터디 그룹에 참여하게 되었고, 그룹에서 자신의 진도를 주기적으로 체크하며 피드백을 받을 수 있었습니다. 그룹원들은 기현이에게 학습 전략에 대한 조언을 해 주었고, 그 결과 기현이는 더 나은 학습 전략을 수립할 수 있었습니다.

예를 들어, 기현이는 처음에 문제 풀이에 많은 시간을 소요했으나, 친구들의 피드백을 받아 시간이 오래 걸리는 부분을 효율적으로 줄이는 방법을 배웠습니다. 또한, 스터디 그룹에서 진도를 점검하면서 목표 달성에 필요한 조정을 할 수 있었고, 이로 인해 더욱 효과적으로 목표에 접근할 수 있었습니다.

무엇보다도, 기현이는 혼자 공부하는 것이 아니라는 것을 느끼며 큰 위안을 얻었습니다. 그룹 내에서 서로가 도와주고 격려하며 어려운 문제를 함께 해결하는 과정에서 그는 학습의 효율성을 크게 높일 수 있었습니다. 이 과정은 단순히 수학 성적을 올리는 것을 넘어, 기현이가 수학 개념을 더 깊이 이해하고 성취감을 느끼는 데도 큰 도움이 되었습니다.

구체적인 목표 설정

학부모와 자녀가 학습 목표를 가족과 공유하면, 목표가 더 명확하고 구체적으로 설정된다는 것을 기억해야 합니다. 목표를 다른 사람에게 설명하는 과정에서 자녀는 스스로 목표를 더 분명하게 정리하게 되고, 목표 달성을 위해 계획을 구체적으로 세울 수 있습니다. 대화를 통해 이를 강조하는 것이 중요합니다.

목표를 부모님, 친구, 선생님과 공유함으로써 자녀는 자신의 의지를 더욱 확고히 하고, 그 목표를 이루기 위해 한층 더 열심히 노력하게 됩니다. 명확한 목표일수록 달성 가능성이 높아지기 때문에 구체적으로 설정하는 것이 중요합니다.

예를 들어 단순히 수학 점수를 올리겠다는 모호한 목표보다는 이번 시험에서 수학 점수를 10점 올리겠다는 구체적인 목표가 더 효과적입니다.

이러한 목표 설정은 학습 계획을 구체화하고, 필요한 지원을 정확하게 파악할 수 있도록 도와줍니다.

학습 계획의 구체화

중학교 2학년인 영수는 영어 성적이 부진했습니다. 지난 학기 영어 성적이 75점으로 다소 아쉬웠기 때문에, 이번 학기에는 85점을 목표로 삼기로 했습니다. 목표를 명확히 하기 위해, 영수는 다음과 같은 구체적인 학습 계획을 세웠습니다.

*주3회 : 영어 단어 암기(매회 30개 단어)
*주2회 : 독해 연습(교재의 지문 2개씩)
*매일 : 문법 문제 풀이(1일 5문제)
*매월 마지막 주 : 모의고사 풀기

영수와 부모님은 매주 일요일 저녁마다 주간 학습 상황을 점검하기로 했습니다. 이 시간에는 영수가 주간 목표를 얼마나 달성했는지, 어떤 부분이 어려웠는지에 대해 이야기했습니다. 독해 연습이 생각보다 어렵다고 느낀 경우, 부모님은 이를 해결하기 위해 영수에게 추가적인 독해 팁을 제공하고, 어려운 지문은 선생님에게 질문할 것을 권유했습니다.

주기적인 점검의 중요성

학습 목표를 설정하고 이를 공유한 자녀는 친구나 가족과 주기적으로 상황을 점검하며 대화를 나누게 됩니다. 이는 자녀가 목표를 향해 꾸준히 나아가도록 도와줍니다. 예를 들어, 매주 정해진 요일에 학습 진척 상황을 점검하고 피드백을 주고받는 시간을 정한다면, 목표에 대한 의지를 강화하고 지속적인 동기 부여를 받을 수 있습니다.

단순 암기보다 논리적 사고와 문제 해결 능력을 요구하는 최근의 입시 추세에 맞추어 주기적으로 학습 목표를 점검하고 피드백을 주는 것은 자녀가 시험 대비뿐 아니라 실질적인 학습 능력을 키우는데 매우 유용합니다.

자녀가 영어 에세이를 매주 작성하여 사고력을 키우는 목표를 세웠다면, 주말마다 작성한 에세이를 부모님과 함께 검토하는 것이 도움이 됩니다. 에세이의 어떤 부분을 개선할 수 있을지 피드백을 주고받으며 자녀는 자신의 사고방식과 표현력을 객관적으로 점검하고, 입시에 필요한 비판적 사고력을 강화할 수 있습니다.

영어 에세이 검토 시, 단순한 내용 확인보다는 "이 표현이 논리적으로 연결되니?"와 같은 질문을 통해 자녀가 학습 목표에 맞게 사고력을 확인해 볼 수 있습니다. 더욱이 주장과 근거가 명확히 연결되었는지를 점검해 나가면서 입시 환경에 적응하고 목표를 향해 꾸준히 나아가는 데 도움을 줄 수 있습니다.

학습 목표 공유와 점검

디지털 시대를 맞아 소셜미디어나 학습 관련 앱을 통해 학습 목표를 공유하는 것도 좋은 방법입니다. 자녀가 목표를 달성할 때마다 이를 기록하고 공유하면, 온라인 커뮤니티로부터 응원과 격려를 받을 수 있습니다. 이러한 과정은 자녀가 목표를 지속적으로 유지하고, 학습에 대한 책임감과 동기 부여를 강화하는데 기여합니다.

자녀가 과학 과목에서 물리 개념을 배우는 목표를 세웠다면, 매일 AI 교과서에서 자동 제공되는 진도 기록을 부모와 함께 점검할 수 있습니다. 주간 성과를 소셜미디어나 학습 관련 커뮤니티에 공유하면 친구나 다른 학생들로부터 응원을 받으며 학습 의지를 높일 수 있습니다.

자녀가 물리 실험 문제를 성공적으로 해결했을 때 소셜미디어에 간단히 기록하고, 부모와 이를 공유하며 목표 달성의 기쁨을 나누는 것도 바람직합니다. 이렇게 기록된 학습 목표는 자녀가 학습 과정에 대한 책임감과 성취감을 지속하도록 도와줍니다.

부모와의 꾸준한 대화는 자녀의 학습 잠재력을 극대화하는 데 중요한 역할을 합니다. 부모가 자녀에게 학습의 원리와 방법을 이해시키고 이를 내면화하도록 돕는다면, 자녀는 학업에 임할 때 더 강한 책임감과 각오를 가지고 학습하게 될 것입니다. 이를 통해 자녀의 학업 잠재력은 크게 발휘됩니다.

학습 목표의 공유

중학교 3학년인 영수는 목표 달성 상황을 체크하기 위해 학습 앱을 사용했습니다. 학습 앱을 통해 매일 목표를 기록하고, 그날의 성취도를 부모님과 공유했습니다. 이 앱은 하루의 공부 시간을 기록하고, 공부한 내용을 체크리스트로 관리할 수 있었습니다. 매일 밤, 영수는 학습 앱에 자신이 달성한 목표를 입력했고, 앱은 영수의 성취도를 그래프로 보여주었습니다.

매주 일요일 점검 시간에 이 앱의 데이터를 활용해 자신의 학습 성과를 부모님과 공유했습니다. 부모님은 영수의 성취도를 그래프로 보면서 그동안의 노력과 성과를 격려했고, 앞으로의 계획에 대해 조언을 아끼지 않으셨습니다.

영수는 학기 말 시험에서 좋은 성적을 달성할 수 있었고, 이 과정에서 영수는 단순히 성적 향상뿐만 아니라, 체계적으로 목표를 설정하고 달성하는 방법을 배울 수 있었습니다.

학습 과정에서 실천할 수 있는 구체적인 방법

실천 방안	구체적인 방법	효과
학습 목표 설정	−자녀와 함께 구체적인 학습 목표를 설정하고, 이를 종이에 작성하여 눈에 잘 보이는 곳에 붙임	−목표를 시각화함으로써 자녀가 목표를 명확히 인식하고, 이를 향해 지속적으로 노력할 수 있음
목표 공유 및 상호 격려	−자녀가 목표를 친구나 가족과 공유하도록 격려하고, 그들이 자녀의 목표를 알도록 함	−학습 과정에서의 어려움을 덜고, 지속적인 격려와 응원을 받아 자녀가 동기 부여를 유지할 수 있음
정기적인 성취 체크	−주간 또는 월간 단위로 자녀의 목표 달성 여부를 점검	−자녀가 성취감을 느끼며, 작은 성공 경험을 통해 자신감을 키우고, 더 큰 목표를 설정하고 도전하는 동기를 얻음
피드백 및 반성의 시간 마련	−목표에 도달하지 못한 경우, 그 이유를 함께 분석하고, 개선할 점을 찾음	−실패를 통해 배우며, 반복적인 실수를 줄이고, 지속적인 개선과 성장을 도모할 수 있음
학습 일정 계획 및 공유	−학습 목표에 따라 주간 학습 일정을 세우고, 이를 가족과 공유하여 일정에 맞춰 학습할 수 있도록 도와줌	−체계적인 계획을 통해 학습을 꾸준히 진행할 수 있으며, 가족의 지원을 받아 시간 관리를 더욱 효과적으로 할 수 있음

계획을 세우고
그 계획에 따라 공부해보자

학습 방향을 정하고 그 방향에 따라 꾸준히 실천하는 것은 무엇보다도 자녀가 스스로 학습하는 능력을 키우는데 매우 기여합니다. 학습 계획을 세우는 과정은 자녀에게 명확한 목표를 제공하며, 학습의 방향을 잡아줍니다.

또한 체계적이고 계획적인 접근은 시간 관리의 효율성을 높여줄 뿐만 아니라, 성취감을 지속적으로 느끼게 하고, 학습에 대한 동기부여를 유지시킵니다. 이뿐만 아니라 계획적인 학습은 보다 체계적이며 책임감 있는 학습 태도를 형성할 수 있도록 도와줍니다.

효율적인 시간 관리

계획을 세우는 과정은 단순한 일정표 작성을 넘어, 자녀가 무엇을, 언제, 얼마나 공부할 것인지 구체적으로 정하는 단계입니다. 명확한 계획은 자녀에게 학습에 대한 구체적인 목표를 설정할 수 있게 하며, 이 목표를 달성하기 위해 자녀가 시간을 효율적으로 사용할 수 있도록 합니다.

요즘 시대에는 학생들이 입시 준비와 학교 활동을 병행해야 합니다. 시간은 한정되어 있기 때문에 시간을 효과적으로 활용하는 것이 매우 중요합니다. 체계적인 계획을 통해 자녀는 공부시간을 적절히 분배하고, 학습 집중력을 유지할 수 있습니다.

계획이 구체적으로 설정되면 자녀는 자신이 무엇을 해야 할지, 어떤 순서로 해야 할지 명확히 알 수 있습니다. 이러한 계획은 학습에서 중요한 과목이나 주제에 우선순위를 두게 하여, 자녀가 가장 중요한 내용에 집중할 수 있도록 도와줍니다. 이로 인해 자녀는 학습의 효율성을 높일 뿐만 아니라, 학습 전반의 질을 향상시킬 수 있습니다.

실천 가능한 시간 관리 팁

1. **방해 요소 제거** : 학습 시간에는 스마트폰 등 방해 요소를 멀리하고, 집중할 수 있는 환경을 조성합니다.
(예시) 공부 시각 전 스마트폰을 비행기 모드로 설정하고, 학습 진행
2. **쉬는 시간 설정** : 50분 학습 후 10분 휴식을 취하는 방식을 활용해 집중력을 유지합니다.
3. **학습 성과 기록** : 하루 학습 내용을 간단히 기록해 자신이 성취한 목표를 시각적으로 확인합니다.

학습의 체계적 접근

학습의 체계적 접근은 자녀가 학업에서 더 큰 성취를 이루도록 돕는 중요한 방법입니다. 계획을 세우면 자녀는 학습 과정을 단계별로 체계적으로 이해하고, 문제를 해결할 수 있는 능력이 길러집니다.

이 과정에서 자녀는 복잡한 주제를 효과적으로 다루고, 단계적으로 학습하여 점진적으로 성취감을 느끼게 됩니다.

또한, 계획적인 학습은 자녀가 문제를 해결할 때 논리적 사고를 기를 수 있는 기회를 제공하며, 학습의 흐름을 자연스럽게 이어가게 만듭니다.

계획의 수정과 성과

고등학교 2학년인 정욱은 의대를 목표로 하고 있었습니다. 수능 최저를 충족하기 위해 수능을 대비해야 할 뿐 아니라, 생기부를 강화하기 위해 탐구보고서를 작성하고, 진로 활동도 병행해야 하는 상황에 처해 있습니다. 여러 활동이 겹쳐 시간 관리가 어려웠지만, 체계적인 계획을 세워 이를 해결하기로 결심했습니다.

매주 기출 문제를 풀이하며 실전 감각을 익히며 수능 영어를 준비하고, 과학적 탐구 주제에 대해 심층적으로 분석하여 작성하기로 계획을 세웠습니다. 이를 바탕으로 구체적인 시간 계획을 세웠습니다.

월, 수, 금은 오후 6~8시에는 수능 영어 기출 문제를 풀고, 화, 목은 오후 6~8시에는 탐구보고서 초안을 작성하기로 했습니다. 그리고 주말을 활용하여 토요일 오전에는 진로 활용 및 추가 학습에 시간을 할애하기로 했습니다.

의학 관련 책을 읽고, 이를 포트폴리오에 기록하며 자신의 진로 목표를 구체화했습니다.

첫 달이 지나고, 자기 평가를 해보니, 수학 복습 시간이 부족하다는 사실을 깨닫고, 매주 화요일 탐구보고서 시간을 30분 줄이고, 그 시간을 수학 복습에 추가하기로 했습니다. 또한, 주말 오전에 진로 활동 대신 수학 문제를 1시간 풀이하는 것으로 계획을 수정했습니다.

결국 정욱은 수능 영어 실력이 향상되었고 탐구보고서 작성 모두에서 성과를 거두었습니다. 그의 보고서는 탐구 활동 우수사례로 선정되었고, 영어 모의고사 점수도 꾸준히 향상되었습니다.

단기적인 학습 계획뿐만 아니라, 장기적인 목표 설정 또한 중요합니다.

장기적인 학습 목표는 자녀가 단기 목표를 달성하면서도 꾸준히 학업에 집중할 수 있도록 돕습니다. 이를 통해 자녀는 일관된 학습 태도를 유지하게 되고, 장기적인 목표를 이루기 위해 끊임없이 노력할 수 있는 동기를 얻습니다. 이러한 체계적이고 목표 지향적인 학습 습관은 자녀가 미래의 큰 꿈과 목표를 향해 꾸준히 나아가는 중요한 발판이 됩니다.

성취감

성취감은 자녀가 학습 과정에서 매우 중요한 동기 부여 요소입니다. 계획을 세우고 이를 성실히 실행하면서 자녀는 작은 목표들을 하나씩 달성하게 됩니다. 이러한 작은 성취들은 자녀에게 큰 성취감을 안겨주며, 학습에 대한 긍정적인 태도를 유지하는 데 필수적인 역할을 합니다.

이 과정에서 얻는 성취감은 자녀가 학업을 부담스러운 과제가 아닌 자신이 도전하고 이겨낼 수 있는 목표로 인식하게 만듭니다. 작은 목표의 달성은 장기적인 학습 여정에서 중요한 중간 단계가 될 수 있습니다.

자녀는 이러한 성과를 바탕으로 더 높은 목표를 세우고 도전하는 자세를 갖게 됩니다. 매일 30분 듣기 훈련으로 정답률 70% 이상 달성을 1단계 목표로 세웠다면, 2단계 목표는 모의고사 듣기 평가에서 평균 90점 이상을 목표로 할 수 있습니다. 최종 목표는 수능 듣기 만점을 목표로 할 수 있습니다.

자녀가 특정 과목이나 영역에서 꾸준히 발전하며 성취하는 모습은 생기부에 기록됩니다. 특정 학습 경험과 이를 통해 얻는 성과를 기반으로 한 탐구보고서를 작성하거나, 발표 자료로 활용할 수 있습니다. 이러한 학습 경험은 앞으로의 중요한 학습 과정에서 긍정적인 영향을 미칠 수 있습니다.

학습 과정에서 실천할 수 있는 구체적인 방법

실천 방안	구체적인 방법	효과
계획적인 학습 습관 형성	−주간 학습 계획표 작성 및 목표 설정 −매일 일정한 시간에 학습	−학습 시간 관리 능력 향상 −목표 달성 성취감 제공
학습 환경 최적화	−공부하는 공간을 정리하고 집중이 가능한 공간 조성 −학습 도구와 자료 미리 준비	−학습에 대한 집중력 향상 −학습 준비 시간 단축
복습을 통한 학습 내용 정리	−학습 후 바로 복습하는 습관 형성 −요약 노트를 작성하여 복습	−학습 내용의 장기 기억 강화 −시험 준비 시 학습 부담 경감
효율적인 시간 관리	−타이머를 이용해 25분 집중, 5분 휴식하는 '포모도로 기법' 활용	−집중 시간 극대화 −피로 감소 및 학습 지속성 향상
모의고사 및 참고 자료 활용	−참고 서적, 인터넷 자료, 학술 논문 등 다양한 자료 검색 −다른 관점에서 학습	−학습 내용의 깊이 있는 이해 −다양한 관점에서 사고 능력 증진
학습 목표 구체화	−SMART목표 설정(Specific, Measurable, Achievable, Relevant, Time−bound)	−명확한 학습 방향성 제시 −효율적인 학습 진행 가능

2

시간을 내 편으로
집중력을 높이는 비법

-시간 관리와 집중력 향상-

꾸준히 하는 것이 중요해
하루에 조금씩이라도 계속하자

작은 습관이 큰 변화를 만든다

꾸준히 공부하는 습관은 자녀의 학습 능력을 향상시키고, 장기적인 학업 성공에 큰 영향을 미치는 중요한 요소입니다. 부모가 자녀에게 꾸준한 학습의 중요성을 설명하고, 그 원리를 이해시키는 것은 효과가 높습니다.

이는 자녀가 자발적으로 학습에 몰입하게 하고, 학습이 단지 일시적인 노력으로 끝나는 것이 아니라, 지속적인 반복과 성찰이 중요한 부분임을 깨닫게 합니다.

지속적인 학습

매일 조금씩이라도 꾸준히 공부하는 습관은 특히 시험 준비뿐만 아니라 새로운 개념이나 복잡한 과목을 이해하는 데 효과적입니다. 뇌는 자주 반복되는 정보를 중요하다고 인식하고, 이를 장기 기억으로 저장하려는 성향이 있기 때문에, 학습을 꾸준히 이어가는 것이 단기 집중 학습보다 더 좋은 결과를 가져옵니다.

매일 공부할 양을 과목별로 작게 나누어 실천 가능한 목표를 정할 수 있습니다. 예를 들어, 하루에 30분씩 복습하는 것이 시험 직전에 몰아서 공부하는 것보다 훨씬 더 많은 내용을 오래 기억할 수 있게 도와줍니다.

AI 학습앱을 활용하여 매일 학습해야 할 주요 내용을 제안받고, 학습 결과를 시각적으로 확인하며 꾸준함의 효과를 직접 경험할 수 있습니다. 이를 통해 매일 학습의 성과를 점검하고 동기를 강화할 수 있습니다.

꾸준한 학습의 힘

> 매일 국어 독서 파트 문제 3개, 영어 단어 15개, 수학 공식 3개를 학습 목표로 설정할 수 있습니다. AI 학습앱을 통해 복습할 내용을 매일 확인할 수 있습니다. 학습을 완료한 후 결과를 기록할 수 있습니다.
>
> 이러한 꾸준한 학습 습관은 수능 직전 몰아치는 공부보다 부담을 줄이고, 학습 내용을 더 오래 기억하는 데 큰 도움을 받을 수 있습니다.

부모는 자녀에게 "하루에 조금씩만 공부해도, 나중에 몰아서 공부하는 것보다 훨씬 잘 기억할 수 있어"라고 이야기해 줄 수 있습니다. 이러한 꾸준한 학습 습관은 단순히 성적 향상에만 기여하는 것이 아니라, 자녀가 스스로 학습의 주도권을 잡고, 자신만의 학습 전략을 만들어나가는 데도 중요한 역할을 합니다.

습관의 힘

학습은 일관성과 습관에 크게 좌우됩니다. 자녀가 하루에 조금씩이라도 꾸준히 공부하는 습관을 기르면, 학습은 더 이상 특별한 일이 아니라 일상의 자연스러운 부분이 됩니다.

매일 같은 시간대와 장소에서 공부하는 습관을 들이는 것이 중요합니다. 예를 들어 저녁 식사 후 30분 동안 책상에서 복습하는 시간을 가지거나, AI 학습앱을 통해 학습 일정을 활용해 매일 학습할 내용을 자동으로 제안받아 꾸준히 실행합니다.

이는 자녀가 학업에 대한 부담을 덜 느끼고, 스트레스 없이 학습에 몰입할 수 있도록 돕습니다. 학습이 일상적인 습관이 되면, 매일 자연스럽게 공부하는 시간이 생기며, 이는 학업 성취도를 높이는 데 중요한 기여를 합니다.

부모가 자녀에게 꾸준한 학습의 중요성을 설명하고, 그 원리를 이해시키는 것은 매우 중요합니다. 단순히 "공부해라"라는 지시보다는, 왜 꾸준한 학습이 중요한지, 그리고 어떻게 자녀의 학습에 긍정적인 영향을 미치는지를 대화를 통해 설명해야 합니다.

예를 들어, "매일 조금씩이라도 공부하는 것은 뇌가 배운 내용을 더 잘 기억하게 하고, 새로운 정보를 쉽게 받아들이는 데 도움이 된단다"라고 설명하면, 자녀는 학습의 의미와 효과를 더 깊이 이해할 수 있습니다.

꾸준한 학습 습관을 들이는 과정에서 자녀는 자연스럽게 자기주도 학습 능력을 키우게 됩니다. 자녀가 스스로 학습 계획을 세우고, 자신의 학습 진도를 관리하며, 부족한 부분을 보완하는 능력을 기르게 됩니다.

작고 구체적인 목표 설정

> 목표는 구체적이고 실행 가능한 수준으로 나누어야 합니다. 예를 들어,
> *영어 단어 10개 암기
> *수학 문제 3개 풀이
> *사회 과목 요약 정리 한 단락 작성
>
> 고교학점제와 같은 체계에서 자율적인 과목 선택과 학습이 요구되므로, 자녀가 자신의 목표를 설정하고 달성하는 과정을 통해 자기 주도 학습 능력을 키우는 것이 중요합니다.

이렇게 자기 주도 학습이 정착되면, 자녀는 더 이상 외부의 압력에 의존하지 않고, 스스로 학습의 주도권을 잡게 됩니다. 이는 자녀가 학업뿐만 아니라 삶의 다양한 영역에서 성공할 수 있는 중요한 기반이 됩니다.

적응적 학습

꾸준히 공부하는 과정은 자녀가 자신에게 가장 잘 맞는 학습 스타일과 속도를 발견하고, 이를 최적화하는 데 중요한 역할을 합니다. 매일 학습을 통해 자녀는 어떤 방법이 가장 효과적인지 경험으로 알게 되며, 스스로 학습 계획을 조성하고 효율을 극대화할 수 있습니다.

이렇게 학습을 조율해 나가는 과정에서 자녀는 점점 더 자신에게 맞는 방법을 찾아내며, 학습의 효율성을 극대화할 수 있습니다. 특히 어려운 과목이나 새로운 내용을 접할 때, 적응적 학습은 자녀가 문제를 유연하게 해결하는 능력을 기르는 데 큰 도움이 됩니다.

적응적 학습 경험

> 고등학교 2학년인 민재는 고교학점제에서 물리학과 화학 과목을 선택했습니다. 처음에는 학습량과 난이도 때문에 어려움을 겪었지

만, 다음과 같은 적응적 학습 방법으로 문제를 해결했습니다.

매일 30분씩 물리 문제를 풀고, 피드백을 통해 이해가 부족한 개념을 반복 학습했습니다. 학습 패턴을 조정하기도 했는데, 오전에는 이론을 정리하고, 저녁에는 문제 풀이를 배치해 학습의 집중도를 높이려 했습니다. 초기에 과도한 학습 목표를 설정해 어려움을 겪었던 민재는 부모와 함께 목표를 조정하며 현실적인 계획을 세우려고 노력했습니다.

이 과정을 통해 민재는 스스로 학습 효율을 높이는 방법을 터득했고, 학기말 시험에서 큰 향상을 보였습니다. 이러한 과정은 생기부에 기록되고 수시에서 긍정적인 평가를 받을 것으로 기대됩니다.

매일 꾸준히 공부하면, 자녀는 학습을 더 이상 부담스럽게 느끼지 않고, 일상 속에서 자연스럽게 받아들이게 됩니다. 부모는 "하루에 조금씩 공부하는 것은 네가 새로운 것들을 더 잘 이해하고 기억하는 데 도움이 된다. 이렇게 공부하면 나중에 시험 준비할 때도 훨씬 쉬워질 거야"라고 설명하며, 자녀가 학습의 중요성을 깨닫도록 도울 수 있습니다.

학습 과정에서 실천할 수 있는 구체적인 방법

실천 방안	구체적인 방법	효과
매일 정해진 시간에 공부	–매일 같은 시간에 꾸준히 공부하는 습관을 기름 예를 들어 학교 숙제를 마친 후 30분 동안 복습이나 다음 진도를 공부하는 시간을 가짐	–일정한 시간에 공부하는 습관은 일관성을 유지하게 하고, 자녀의 뇌가 학습을 일상적인 활동으로 인식하게 하며 부담을 줄임
목표 설정	–하루, 주, 월별로 작은 목표를 설정 예를 들어, 오늘은 수학 문제 10개 풀기, 이번 주에는 영어 단어 50개 외우기 등 구체적인 목표를 세움	–목표를 세우고 달성하면 성취감을 느끼고, 학습 동기 부여가 지속 –목표 설정은 학습의 방향을 제시해주며, 학업 성취도를 높이는 데 도움이 됨
체계적인 계획 세우기	–학습 계획을 주 단위나 월 단위로 세워 학습량을 분배하고, 각 과목별로 어떤 공부를 해야 할지 정리 –주간 계획표를 만들어 시간을 배분하고, 중요한 시험이나 과제에 맞춰 유동적으로 수정	–계획적으로 학습하면 한꺼번에 많은 양을 공부할 필요가 없어지고, 부담이 줄어듦 –중요한 과목에 충분한 시간을 투자할 수 있어 효율적인 학습이 가능
학습 스타일 발견	–다양한 학습법을 시도해 보고 자신에게 맞는 방법을 찾음 예를 들어, 시각적 자료로 공부하거나, 소리 내어 읽는 방법, 혹은 스터디 그룹에서 토론하여 공부하는 방식을 시도해 봄	–자녀에게 맞는 학습법을 발견하면 학습 효율성이 극대화되고, 더 오래 집중할 수 있음 –학습 스타일을 찾는 과정은 자녀의 자기 주도 학습 능력을 높이는 데 중요한 역할을 함
다양한 과목 교차 학습	–같은 과목을 오래 공부하기보다 여러 과목을 교차해서 공부 예를 들어, 수학을 공부한 후에는 언어 과목을, 과학을 공부한 후에는 역사나 문학 같은 과목을 공부하는 방식	–다양한 과목을 교차하여 학습하면 집중력이 유지되고, 뇌가 다양한 정보에 적응할 수 있어 학습 능률이 향상됨 –학습 피로를 줄여 공부 시간을 늘릴 수 있음

실천 방안	구체적인 방법	효과
질문하고 토론하기	−학습 중 이해가 안 되는 부분이 있으면 적극적으로 질문하거나 토론을 통해 해결 −스터디 그룹을 활용하거나 부모나 선생님과 함께 학습 내용을 논의하는 것도 좋은 방법	−질문과 토론을 통해 학습 내용을 더 깊이 이해하게 되고, 생각을 정리하는 능력이 발달 −다른 사람과의 상호 작용은 학습 동기를 자극하며, 문제 해결 능력도 향상

힘든 시간도 지나가고
결국 네가 원하는 곳에 도달할 거야

어려움은 잠시, 꿈은 영원하다

"힘든 시간도 지나가고, 결국 네가 원하는 곳에 도달할 거야"라는 말은 부모가 자녀에게 주는 진심 어린 격려입니다. 이 말은 자녀가 학업에서 겪는 어려움을 이겨내고, 목표를 향해 나아가도록 지속적으로 해줄 필요가 있는 메시지입니다.

진심이 담긴 이 격려의 말은 자녀에게 긍정적인 에너지를 주고, 낙담하지 않도록 힘을 줄 수 있습니다. 또한 앞으로 희망을 가지고 학교 수업에서 뿐만 아니라 집공부도 집중할 수 있는 토대가 됩니다.

부모의 이러한 말 한마디는 자녀가 힘든 시기를 견디어 낼 수 있도록 돕고, 장기적인 목표를 향해 꾸준히 나아가게 하는 원동력이 될 것입니다. 나아가, 자기 확신과 끈기를 키우는 데 중요한 역할을 하며, 학업뿐만 아니라 인생의 다양한 도전에서 성취를 이룰 수 있는 힘을 길러줍니다.

긍정적인 마인드

자녀가 학교 수업을 받으면서 겪는 어려움, 예를 들어 시험 준비, 숙제, 프로젝트 등의 스트레스는 부모에게도 안타까움을 자아냅니다. 그러므로 부모로서 이런 상황을 지켜보는 일은 쉽지 않지만, 중요한 것은 긍정적인 마인드를 유지하며 자녀를 끝까지 응원하는 자세입니다.

"이 어려움도 시간이 지나면 해결될 것"이라는 희망적인 메시지를 지속적으로 전달할 때 자녀는 학업의 어려움을 극복하는데 필요한 용기와 끈기를 얻게 됩니다.

학생들이 진로에 따라 다양한 과목을 선택·이수하고, 누적학점이 기준에 도달할 경우 졸업을 인정받는 제도를 말하는 고교학점제를 통해 선택 과목이 늘어난 자녀가 자신의 부족한 과목에 대해 좌절했을 때, 부모가 "이 과정을 통해 네가 약점을 극복하고 강해질 수 있다"며 용기를 북돋아 주는 것이 좋습니다. 이러한 응원과 격려가 자녀가 어려운 과목을 포기하지 않고 끝까지 노력해 성적을 향상시킬 수 있을 것입니다.

AI 학습앱은 학생들에게 개인 맞춤형 학습을 제공하며, 학습 과정에서 어려움을 스스로 진단하고 해결할 수 있는 도구를 제공합니다. 하지만 기술적 도구만으로 모든 문제를 해결할 수는 없습니다. 부모는 이러한 환경에서 긍정적인 마인드를 통해 자녀가 스스로 한계를 극복할 수 있도록 격려해야 합니다.

부모님의 격려와 응원의 힘

중학교 2학년인 준수는 중간고사에서 기대에 못 미치는 성적을 받았습니다. 그동안 열심히 공부했지만 수학과 과학에서 큰 실수를 했고, 결과에 실망한 준수는 자존감이 크게 떨어졌습니다. 준수는 집에 와서 부모님께 성적표를 보여주며 실망감을 털어놓았습니다.

"엄마, 이번 시험 정말 최악이었어. 열심히 했는데도 성적이 너무 안 좋아. 나 정말 잘못하는 것 같아…"

부모님은 준수의 좌절을 이해하며 따뜻하게 다가가 말을 건넸습니다.

"준수야, 시험 결과가 기대에 못 미쳐서 속상했겠다. 하지만 시험 한 번으로 너의 모든 노력이 헛된 건 아니야. 실패는 누구나 겪는 일이고, 이걸 통해 더 많이 배울 수 있는 기회라고 생각하자."

부모님은 준수에게 긍정적인 마인드의 중요성을 이야기하며, 어려움을 이겨낼 수 있다는 믿음을 심어주었습니다. 준수는 부모님의 말을 들으며 조금씩 자신감을 회복했습니다. 부모님은 준수가 시험에서 틀린 문제를 다시 복습하고, 자신이 이해하지 못한 부분을 적극적으로 질문할 수 있도록 도와주었습니다.

또한 학습 중에 작은 목표를 설정하고 그 목표를 달성할 때마다 스스로 칭찬하는 습관을 심어주었습니다. 부모님의 긍정적인 격려와 꾸준한 응원은 준수에게 용기와 자신감을 심어주었습니다. 준수는 어려움 속에서도 다시 일어설 수 있는 힘을 얻게 되었습니다.

부모는 자녀가 자신의 능력을 믿고, 목표를 달성할 수 있다는 자신감을 심어주는 데 중요한 역할을 합니다. 자녀가 더 높은 동기와 성취를 이루기 위해서는 부모의 격려와 동기 부여가 필수적입니다.

한편 긍정적인 마인드는 추상적인 격려를 넘어 실질적인 행동으로 뒷받침되어야 합니다. AI 기반의 학습 자료를 활용해 목표 달성을 위한 단계를 구체적으로 상상하고 계획하도록 돕는 것이 큰 효과가 있습니다. 또한 학기별 수행 평가에서의 진전을 기록하여 자녀가 스스로 발전을 체감할 수 있도록 하는 것이 효과가 있습니다.

자녀가 시험에서 낮은 점수를 받았다고 해서 실망할 필요는 없습니다. 오히려 이 경험을 통해 문제점을 발견하고, 더 나은 학습 전략을 찾아 다음 시험에서 더 좋은 결과를 얻을 수 있도록 도와야 합니다. 실패는 성장의 발판이라는 것을 알려주면서, 자녀가 긍정적인 태도를 유지하도록 격려하는 것이 중요합니다.

부모의 냉철한 분석과 따뜻한 격려는 자녀가 실패를 통해 성장할 수 있는 환경을 만들어 줍니다. 이러한 부모의 지지와 기원이 자녀의 장기적인 성취에 중요한 역할을 할 것입니다. 자녀가 학업을 넘어서 인생의 도전에서도 끊임없이 노력하고 성취할 수 있는 힘을 기르도록 도와주는 것이 부모의 역할입니다.

★

목표 지향적인 태도의 중요성

자녀가 어려움을 극복하고 큰 목표를 향해 꾸준히 나아가기 위해서는 목표 지향적인 태도를 갖추는 것이 필수적입니다. 자녀가 인생에서 큰 목표를 이루려면 단기적인 어려움에 좌절하지 않고, 장기적인 목표를 향해 한 걸음씩 나아가는 과정이 중요합니다.

하지만 이러한 성취를 이루기 위해서는 매일의 공부와 작은 시험에서의 작은 성취가 쌓여야 합니다. 고교학점제에서 학생이 선택과목을 통해 관심 분야를 탐구하고, 성취를 기록으로 남길 때, 이러한 과정은 대학 입시뿐 아니라 자아실현의 기초가 됩니다.

자녀가 작은 성취를 쌓아가는 과정에서 힘든 시간도 지나가고, 결국 자녀가 원하는 곳에 도달할 것이라는 부모의 격려는 자신감을 심어주는 중요한 메시지가 됩니다. 이런 격려는 자녀가 일시적인 어려움에 주저하지 않고, 더 큰 목표를 바라보며 꾸준히 노력할 수 있는 원동력을 제공합니다.

부모는 자녀에게 학습의 원리를 대화로 설명해주고, 그 원리를 자연스럽게 이해시키는 것이 중요합니다. 목표를 설정하고 이를 달성하기 위한 작은 단계들을 밟아가는 과정의 중요성을 강조해야 합니다. 자녀가 이 과정을 통해 성취감을 느끼고, 점차적으로 더 큰 목표에 도달할 수 있다는 사실을 부모가 자주 상기시켜 주면, 자녀는 긍정적인 마음가짐으로 학업에 임하게 됩니다.

초등학교, 중학교, 고등학교 과정에서 향후 입시를 준비하는 과정에서 자녀는 학습량과 압박감으로 인해 좌절감을 느낄 수 있습니다. 장기 목표와 단기 계획을 연결하고, 자녀가 매일, 매주 달성한 성과를 기록하고 이를 공유하는 구체적인 전략을 실행하는 것이 효과가 있습니다. 작은 성취라도 자신감과 칭찬의 기회로 만들고, 계획을 성실히 이행했을 때, 작은 보상으로 동기를 강화할 필요가 있습니다.

이때 부모가 "힘든 시간이 지나면 결국 네가 원하는 대학에 합격할 거야"라고 격려해 준다면, 자녀는 현재의 어려움을 극복하고 목표를 향해 꾸준히 도전할 힘을 얻게 됩니다. 이러한 격려는 자녀가 꿈을 포기하지 않고 끝까지 도전할 수 있게 하는 중요한 원동력이 됩니다.

작은 성취들 쌓아가기

고등학교 2학년인 은지는 대학 입시를 준비하면서 학업의 무게에 점점 눌리고 있었습니다. 그녀는 특히 모의고사 성적이 기대만큼 나오지 않아 불안감이 커졌고, 공부를 아무리 해도 성과가 없는 것처럼 느껴졌습니다. 시험 결과에 실망한 은지는 입시에 대한 자신감을 잃기 시작했습니다.

하루는 은지가 수업을 마치고 집에 들어와 열심히 하는데도 성적이 별로여서 공부의 어려움을 느낀다고 털어놓았습니다. 부모님은 은지의 어려움을 공감하면서도 그녀가 더 큰 목표를 바라볼 수 있도록 격려했습니다.

"은지야, 지금 당장은 많이 힘들 수 있어. 하지만 네가 가고 싶은 대학을 생각해봐. 그 목표는 한 번에 이루어지지 않고, 이렇게 작은 단계들이 쌓여서 이루어지는 거야. 모의고사 한 번에 너무 좌절하지 말고, 계속해서 목표를 향해 나아가는 것이 중요해."

은지에게 작은 목표를 세우고 그것을 하나씩 달성하는 과정이 성공으로 가는 길이라는 사실을 강조했습니다. 은지는 부모님의 말을 듣고, 조금씩 마음을 다잡았습니다. 부모님의 조언대로 은지는 당장의 시험 성적에만 집착하지 않고, 더 큰 목표인 대학 합격을 바라보며 꾸준히 나아가기로 결심을 했습니다. 작은 성취들을 쌓아가며 작은 목표를 이루었을 때마다 스스로 칭찬하며 자신감을 회복했습니다.

어려운 상황에서도 포기하지 않고 끝까지 노력하는 자세는 자녀가 원하는 대학에 도달하는 데 중요한 요소입니다. 자녀는 이 과정을 통해 더 많은 것을 배우고, 더 강한 사람이 되어갈 것입니다. 부모의 진심 어린 위로와 격려는 자녀가 현재의 어려움을 견디고, 그것이 지나갈 것이라는 희망을 품게 만듭니다. 이런 희망은 자녀가 장기적인 목표를 향해 꾸준히 나아가도록 돕는 중요한 힘이 됩니다.

끈기와 인내의 가치

학업에서의 성공은 단순히 능력의 문제가 아니라, 끈기와 인내에서 비롯됩니다. 어려움을 견디고 목표를 향해 꾸준히 나아가는 과정은 자녀가 자신의 한계를 뛰어넘고 성장하는 원동력이 됩니다.

특히 고교학점제와 같은 교육 환경에서 끈기와 인내는 더욱 중요한 가치로 부각됩니다.

특정 과목을 선택했지만, 성적이 기대에 미치지 못할 경우, 포기하지 않고 꾸준히 노력하는 태도가 중요합니다. AI 학습앱의 맞춤형 학습 자료를 활용해 자신의 약점을 보완할 수 있습니다. 부모가 "너는 이 어려움을 극복할 수 있어. 지금의 노력은 분명히 좋은 결과로 이어질 거야"라고 격려하며 자녀가 끝까지 포기하지 않도록 도와주어야 합니다. 결국 다음 시험에서 성적이 향상되어 끈기의 가치를 배우는 계기가 될 것입니다.

특히 중요한 시험을 준비하면서 자녀가 많은 스트레스를 받고 있을 때, 이를 가볍게 여기지 않고 이를 이해하고 지지하는 태도를 보여야 합니다. 이렇게 자녀를 격려하는 부모의 따뜻한 말은 자녀가 현재의 스트레스가 일시적인 것임을 깨닫게 해주고, 더 열심히 노력할 이유를 찾게 합니다. 부모의 말 한마디가 자녀에게 장기적인 목표를 취해 현재의 어려움을 견디고 극복할 힘을 심어줄 수 있습니다.

학습 과정에서 실천할 수 있는 구체적인 방법

실천 방안	구체적인 방법	효과
목표 설정 및 관리	−단기 및 장기 목표를 설정하고 달성 여부를 체크하는 방식으로 학습 계획을 세움 예를 들어 매일 작은 목표(예: 수학 문제 10개 풀기)를 설정하고, 주간 및 월간 목표를 추가함	−학습 동기 부여와 목표 달성을 통한 성취감을 제공 −자녀가 장기적인 학습 목표를 잃지 않고 꾸준히 노력하게 하는 데 도움을 줌
시험 대비 연습	−과거 기출문제나 예상 문제를 풀고, 시간 내에 문제를 해결하는 연습을 반복함 −시험 직전에는 중요 개념을 요약한 메모를 통해 빠르게 복습함	−실제 시험 상황에 대한 적응력을 높이고 시간 관리 능력을 향상시킴 −시험 불안감을 줄이며, 학습의 구체적인 방향을 설정하는 데 도움을 줌
멘탈 관리 및 휴식 전략	−매일 짧은 휴식 시간을 계획하고, 주간 단위로 장기 휴식을 제공하여 학습과 휴식의 균형을 맞춤 −명상, 운동, 취미 활동 등을 통해 스트레스를 관리함	−학습 스트레스 해소 및 정신적, 신체적 회복을 도와 집중력을 유지 −더 나은 학습 지속성을 보장함
긍정적인 피드백 제공	−자녀가 작은 성과를 이룰 때마다 부모는 즉각적으로 칭찬하고 격려함 −실패했을 경우도 성장의 기회로 삼을 수 있도록 긍정적인 피드백을 줌	−자녀의 자아 존중감을 높이고, 도전과 실패를 긍정적으로 받아들이는 태도를 형성함 −학습에 대한 긍정적인 마음가짐을 갖게 하여 끈기를 키움

다른 사람들과 함께 공부하는 것도 좋은 방법이야

협력 속에서 배우는 지혜

다른 친구들과 함께 공부하는 것은 자녀의 학업 성취를 높이는 데, 중요한 방법 중 하나입니다. 부모가 자녀에게 친구들과 함께 공부하는 것의 중요성을 강조하는 것은 자녀에게 협력 학습의 가치와 이점을 이해시키고, 이를 통해 학업에서 더 큰 성과를 이루도록 도울 수 있습니다.

친구들과 함께 공부하는 것은 문제를 토의와 논의하면서 해결하는 과정은 자녀의 이해력을 증진시키고, 문제 해결의 능력을 강화하는 데 큰 도움이 됩니다.

특히 학교 수업 등에서 협력 학습을 통해 자녀는 다양한 관점에서 토의하면서 학습 내용을 이해하게 되며, 학습 내용을 심화하고 응용 능력도 향상시킬 수 있습니다. 친구들과 함께 학습하는 과정에서 자녀는 서로의 생각을 공유합니다. 그러므로 다양한 접근 방식을 접하게 됩니다.

학습 내용의 명확한 이해 증진

자녀가 친구들과 함께 공부할 때, 다양한 관점에서 학습 내용을 이해할 수 있습니다. 토론을 통해 자녀는 자신이 이해하지 못한 부분을 명확히 할 수 있으며, 그룹 내에서 질문하고 답변을 들으면서 즉각적인 피드백을 받을 수 있습니다. 이는 자녀가 이해하지 못한 부분을 즉시 해결하는 데 도움을 줍니다. 또한, 서로 다른 설명과 접근 방식을 접하면서 자녀는 새로운 관점을 배우고, 더 깊이 이해할 수 있습니다.

교실에서 발표와 토론 활동은 자신의 사고를 체계적으로 정리하고, 학습 내용을 더 깊이 이해할 수 있게 됩니다. 이러한 활동은 학생부 종합전형에서 중요한 평가 항목인 세부 능력 및 특기 사항에 기록에 크게 영향을 미칩니다.

새로운 관점과 깊은 이해

H고등학교의 한 수학 선생님은 수학 문제를 풀 때 새로운 단원의 개념과 예제를 설명한 후 학생들에게 문제를 풀게 하는데, 이때 3명 내지 4명으로 조를 짜서, 벽에 설치된 화이트보드에 가서 서로 협의하면서 문제를 풀게 합니다.

이 과정에서 학생들은 다른 친구의 풀이 방법을 듣고 자신의 방법과 비교해 보며, 더 효율적인 해결책을 찾을 수 있습니다. 친구들이 문제를 풀기 위한 다양한 방법을 제시할 때, 그 방법을 이해하는 과정에서 개념이 더 확실히 정리되고, 새로운 접근 방식을 배우게 됩니다.

친구들과 함께 공부하는 것은 자녀에게 강한 동기 부여가 될 수 있습니다. 스터디 그룹에서는 서로의 진도를 체크하고 목표를 설정하며, 함께 목표를 달성하는 과정에서 자연스럽게 동기 부여가 됩니다. 그룹의 일원이 되는 것은 자녀에게 책임감을 부여하여 더 열심히 공부하게 만듭니다. 정기적인 모임을 통해 자녀는 자신의 학습 목표를 지속적으로 확인하고, 성취감을 느낄 수 있습니다.

예를 들어 스터디 그룹에서 자녀가 한국사 공부를 하며 목표 점수를 설정하고, 그룹과 함께 매주 퀴즈를 진행할 수 있습니다. AI 기반 퀴즈 생성 도구를 활용해 서로 문제를 출제하며 자연스럽게 경쟁과 협력을 유도할 수 있습니다.

협력 학습은 시험 준비에도 매우 효과적입니다. 스터디 그룹에서 자녀는 서로 예상 문제를 출제하고, 답변을 논의하면서 체계적으로 시험 준비를 할 수 있습니다. 성적이 향상된 학생들이 "분명히 알고 있다고 생각했는데 설명하려고 하니까 명확하게 정리되지 않았다"는 경험을 하며, 협력 학습의 중요성을 깨닫게 됩니다. 또한, 함께 공부하는 과정에서 시험에 대한 불안과 스트레스를 공유하고, 서로 격려하며 스트레스를 관리하는 데 도움을 받을 수 있습니다.

학습 내용의 심화와 응용

함께 문제를 풀고 논의하는 과정에서 자녀는 학습 내용을 실제 상황에 적용할 기회를 얻게 됩니다. 스터디 그룹에서 학습 내용을 토론하고 설명하는 과정은 자녀의 지식을 심화시키고, 응용 능력을 향상시켜 학습 내용을 더욱 공고히 합니다. 이를 통해 자녀는 배운 개념을 다양한 문제에 자연스럽게 응용할 수 있는 능력을 기를 수 있습니다.

학습 중 부족한 영역을 스스로 점검하고, 이를 보완하기 위한 문제와 자료를 찾아 활용하는 것이 효과적입니다. 예를 들어 수학의 미분 개념을 배우고 있다면 이해가 부족한 부분을 정리한 후, 스터디 그룹에서 물리학Ⅱ나 경제학에서의 응용 사례를 토론하며 개념을 확장할 수 있습니다.

이러한 과정을 통해 다른 사람에서 설명하는 과정에서 자녀는 자신의 이해를 점검하고, 부족한 부분을 보완할 수 있습니다. 이는 자녀가 학습 내용을 단순히 암기하는 것이 아니라, 깊이 이해하고 응용할 수 있게 합니다.

스터디 그룹 학습 경험

중학교 2학년 지훈은 수학이 가장 어려운 과목 중 하나였습니다. 혼자 문제를 풀 때는 가끔 혼란스럽고 답이 맞지 않아 좌절감을 느끼곤 했습니다. 그러던 중, 학교에서 선생님이 스터디 그룹을 만들 것을 제안하셨고, 지훈은 친구들과 함께 수학 스터디 그룹을 시작하게 되었습니다. 이 그룹에서는 매주 정해진 시간에 모여 함께 문제를 풀고, 각자 자신의 풀이법을 설명하며 의견을 나누기로 했습니다.

처음에는 지훈도 다른 친구들처럼 풀이를 따라가기 급급했지만, 시간이 지나면서 스터디 그룹에서 문제를 풀고 토론하는 과정이 매우 유익하다는 것을 느끼게 되었습니다. 예를 들어, 어느 날 수학 시간에 배운 이차방정식 문제를 그룹에서 함께 풀던 중, 지훈은 자신이 알고 있던 공식을 그대로 적용하려 했습니다. 하지만 친구 중 1명이 "이 공식을 이렇게 변형해서 더 쉽게 풀 수 있어"라며 다른 방법을 제안했습니다. 지훈은 그 친구의 설명을 듣고, 자신의 풀이법과는 다른 새로운 접근 방식을 배웠습니다.

이 과정을 통해 지훈은 단순히 문제를 푸는 것에 그치지 않고, 배운 개념을 응용하는 능력을 길렀습니다. 예전에는 공식만 외우고 적용했지만, 이제는 왜 그 공식이 나오는지, 그리고 그 공식을 변형하여 더 효율적인 방법을 찾는 사고방식을 익히게 된 것입니다.

협력 학습은 본질적으로 자녀의 문제 해결 능력을 강화하는 데 기여합니다. 함께 공부하는 친구들과 다양한 문제를 해결해 나가면서 자녀는 여러 접근 방식을 배우게 됩니다. 이는 자녀가 더 창의적이고 유연한 사고를 기를 수 있도록 돕습니다. 어려운 문제에 부딪혔을 때, 자녀는 집단 지성을 활용할 수 있습니다.

예를 들어, 역사 과목에서 "근대화와 경제적 발전"을 주제로 발표하고, 각자의 의견을 바탕으로 심층적인 토론을 진행할 수 있습니다. 발표 자료는 AI 앱을 활용해 시각적으로 강화하고, 토론 내용을 요약한 보고서를 작성하여 학생부에 기록되어 입시에 도움을 줄 수 있습니다.

이렇듯 혼자 고민하는 것보다 여러 사람의 아이디어를 모아 해결책을 찾는 과정에서 협력의 중요성을 배우게 되며, 이를 통해 더 창의적이고 효과적인 방법을 습득하게 됩니다. 대학이나 사회에서 팀워크의 중요성이 부각되는 만큼, 이는 자녀가 앞으로 크게 평가받을 수 있는 자질을 키우는 토대가 됩니다.

깊은 이해와 응용

고등학생인 시호는 성적이 중상위권이었고 발표력이 부족했지만, 부모가 구성한 스터디 그룹에 참여하면서 다른 학생들과 함께 공부하게 되었습니다. 친구들 앞에서 풀이 과정을 설명하고 발표하는 학습을 통해 상당한 연습이 필요했지만, 이 과정을 거치면서 교과 내용을 충분히 공부하고 친구들에게 가르쳐주는 방법을 익혔습니다.

이를 통해 시호는 설명할 수 있을 정도로 확실히 이해하고 공부할 수 있게 되었으며, 자신의 생각을 명확히 표현하고, 다른 사람의 의견을 경청하는 습관을 기를 수 있었습니다. 또한, 건설적인 피드백을 주고받는 과정을 통해 의사소통의 능력도 크게 향상되었습니다.

이러한 능력은 학업뿐만 아니라 사회생활에서도 중요한 자질로, 시호는 더욱 자신감을 가지고 자신의 의견을 표현할 수 있게 되었습니다.

영어 학습에서도 그룹 스터디는 큰 도움이 됩니다. 영문을 독해하고 설명하는 과정에서 내용을 명확히 이해하게 되며, 다른 학생의 해석을 경청하면서 자녀는 영어 실력을 향상시킬 수 있습니다.

영어 토론 수업에서는 자녀가 친구들과 함께 주제를 선정하고, 각자의 의견을 논리적으로 표현하며 토론하는 과정을 거칩니다. 이 과정에서 자녀는 말하기와 듣기 능력을 발전시키고, 내용을 정확히 이해하여 효과적으로 의견을 전달하는 기술을 향상시킬 수 있습니다. 이로 인해 영어 실력 향상뿐만 아니라 사회적 쟁점에 대한 이해도 깊어지고, 논리적 사고도 크게 발전하게 됩니다.

학습 과정에서 실천할 수 있는 구체적인 방법

실천 방안	구체적인 방법	효과
스터디 그룹 구성하기	−비슷한 학습 목표를 가진 친구들과 3~5명 규모의 소규모 스터디 그룹을 만듦	−동기 부여가 강화되고, 다양한 관점을 통해 이해가 깊어짐
역할 분담 학습	−각 그룹원이 특정 주제를 맡아 학습한 후 다른 친구들에게 설명해주는 방식	−주제에 대한 깊은 이해를 도모하고, 가르침을 통해 자기 학습을 강화함
문제 토론 시간 마련하기	−장기적으로 모여 각자 준비한 문제를 논의하고, 다양한 해결책을 토론	−문제 해결 능력과 논리적 사고를 키우고, 창의적인 아이디어를 얻음
퀴즈 형식의 복습 세션	−학습한 내용을 바탕으로 그룹 내에서 퀴즈를 만들어 서로 질문하며 복습	−재미를 느끼며 학습 내용을 강화하고, 기억력을 높임

실천 방안	구체적인 방법	효과
공유 노트 작성	−공동으로 사용할 수 있는 온라인 노트를 만들어, 각자 학습한 내용을 정리하여 공유	−정보 공유를 통해 학습의 효율성을 높이고, 팀워크를 강화함
서로의 이해도 점검하기	−그룹 내에서 각자 학습한 내용을 다른 친구들에게 설명하고, 이해도를 서로 점검	−부족한 부분을 파악하고 보완할 수 있어 학습의 질을 높임
학습 목표 설정 및 피드백	−매번 모임에서 학습 목표를 설정하고, 학습 후 서로 피드백을 주고받음	−학습 방향성을 잡고, 지속적인 개선을 통해 학습 효과를 극대화함
실전 모의고사 함께 풀기	−실제 시험과 유사한 조건에서 모의고사를 함께 풀고 결과를 공유하며 부족한 부분을 논의	−시험 대비 능력을 키우고, 실전 감각을 익힐 수 있음

네가 좋아하는 과목이나 주제를 찾으면
공부가 더 재미있어질 거야

흥미와 열정을 학습의 동력으로

학습이 단순한 의무나 외적 보상에 의해 이루어지는 것이 아니라, 흥미와 재미를 기반으로 자발적으로 이루어지게 된다면 학습의 성취도는 비약적으로 높아질 것입니다. 다양한 경험을 통해 흥미를 느끼는 과목이나 주제를 찾을 수 있도록 도와주고 이를 통해 학습의 재미를 느끼도록 격려하는 것이 중요합니다.

부모는 자녀와의 대화를 통해 학습의 원리를 자연스럽게 심어줄 수 있습니다. 이를 통해 자녀가 스스로 학습의 즐거움과 중요성을 깨닫게 된다면, 학업에 대한 태도와 동기가 근본적으로 바뀔 수 있습니다.

내적 동기 부여

자녀가 좋아하는 과목이나 주제를 발견하는 과정은 학습에 내적 동기를 부여하는 중요한 열쇠입니다. 특히 고교학점제가 도입되면서 학생들은 다양한 과목과 진로를 탐색할 기회를 얻게 되었습니다. 이러한 환경에서 자녀가 흥미를 느끼는 과목을 발견하고 선택하는 경험은 학습의 재미와 지속성을 높이는 데 큰 역할을 합니다.

이러한 과정은 단순히 성적을 올리기 위한 학습에서 벗어나, 학습 활동 그 자체에서 즐거움과 성취감을 느끼게 하는 강력한 동기입니다. 이러한 동기가 자녀에게 자리잡게 되면, 학습은 더이상 힘들고 피하고 싶은 활동이 아니라, 자발적으로 몰입하게 되는 즐거운 과정으로 변화합니다.

내적 동기의 구체적 실천 방법

1. **학생부 기록 활용하기** : 고교학점제하에서는 학생부에 기록될 수 있는 과목별 활동이나 세부 능력 특기 사항을 활용해 자녀의 흥미를 체계적으로 관리합니다. 관심 있는 특정 주제와 관련된 탐구보고서를 작성하도록 독려하고, 토론과 발표 활동에 참여하도록 안내합니다.

2. **작은 목표 설정** : 현재의 입시 환경에서는 장기적인 목표뿐 아니라, 단기적인 성취가 중요합니다. 교과서에서 한 챕터를 깊이 읽고 요약하기와 같은 실천 가능한 목표를 제시하면 자녀는 성취감을 느끼며 학습의 재미를 발견하게 됩니다.

3. **실생활과 연결하기** : AI 학습앱 시대의 강점 중 하나는 학습을 실생활과 밀접하게 연결할 수 있다는 점입니다. 자녀가 경제 과목에 흥미를 가진다면, 디지털 교과서를 통해 경제 시뮬레이션을 체

험하거나 AI 기술이 실제 금융 시장에 미치는 영향을 탐구하도록
유도합니다.
4. **협력과 발표 기회 제공** : 토론과 발표 활동은 내적 동기를 강화
하는 데 효과적입니다. 자녀가 좋아하는 주제를 친구들과 공유하
거나 학교 수업 시간에 발표하도록 격려하면, 발표 과정에서 성취
감을 느끼고, 더 깊이 탐구하는 동기가 강화됩니다.

학습의 재미

부모는 자녀에게 학습이 단순한 의무가 아닌 흥미로운 탐구 과정
이라는 점을 일깨워 줄 수 있습니다. 특히 자녀가 고교학점제에서
자신의 흥미에 맞는 과목을 선택할 수 있는 환경을 활용하면, 학습
이 놀이처럼 재미있게 느껴질 가능성이 높아집니다. AI 학습앱을
활용하면 더 생동감 있는 학습 경험을 제공할 수도 있습니다. 자녀
가 좋아하는 주제는 자연스럽게 더 깊이 탐구하고 싶어지고, 이로
인해 학습 시간이 길어지더라도 지루함보다 몰입의 즐거움을 느끼
게 됩니다.

활동과 학습의 연결

자녀의 관심을 실제 활동으로 이어가는 것도 효과적입니다. 자녀
가 지구 환경에 관심이 있다면, 관련된 다큐멘터리를 시청하거나

지역 환경 보호 활동에 참여하도록 권합니다. 이후 활동 경험을 AI 학습앱의 프로젝트 과제로 연결시켜 학습 자료로 활용하면, 몰입감과 학습 성과를 동시에 얻을 수 있습니다.

자녀가 과학에 관심이 있다면 과학 실험이나 탐구 활동을 통해 그 관심을 더욱 발전시킬 수 있습니다. 과학 실험을 통해 자녀는 과학적 개념을 직접 체험하며 학습의 재미를 느끼게 되고, 새로운 지식에 대한 호기심도 더 자라게 됩니다.

이렇게 자녀가 관심 있는 주제를 학습과 연결시키면 학습은 더이상 지루한 일이 아닌, 자발적으로 하고 싶은 활동이 됩니다.

부모의 지원

자녀가 과학에 관심을 가진다면 부모는 다음과 같은 구체적인 지원을 해 줄 수 있습니다.
1. **관련 활동 추천** : 과학 동아리, 온라인 강의, 또는 과학 관련 책을 함께 탐색합니다.
2. **프로젝트 기획** : AI 학습앱에서 제공하는 실험 자료나 시뮬레이션을 활용해 소규모 연구 프로젝트를 진행하도록 도와줍니다.
3. **현실 연결** : 인근 과학관을 방문하거나 과학자와의 온라인 강연을 통해 실제 사례를 경험하게 합니다.

심도 있는 학습

심도 있는 학습은 자녀가 좋아하는 분야를 발견하고, 이를 중심으로 자율적이고 깊이 있는 탐구를 진행할 때 가장 효과적입니다. 부모는 자녀에게 대화를 통해 학습의 원리를 이해시키고, 그 과정에서 학습에 대한 긍정적인 태도를 심어줄 수 있습니다. 고교학점제는 학생들이 흥미 있는 과목을 선택하고, AI 학습 자료는 이러한 과목을 깊이 있게 학습할 수 있는 자료를 제공합니다. 자녀가 흥미를 느끼는 과목이나 주제를 찾게 되면, 학습의 깊이와 질이 크게 향상될 수 있습니다.

이는 단순히 대학 입시 시험을 위한 공부를 넘어서, 자녀의 미래에 더 많은 지식과 깊이 있는 이해를 추구하는 좋은 학습 자세를 형성하게 합니다.

자녀가 좋아하는 주제를 발견하게 되면, 자연스럽게 그 주제에 대해 더 깊이 파고 들고 싶어하는 욕구가 생깁니다. 예를 들어, 역사에 관심이 있는 자녀는 단순한 교과서 학습을 넘어, 역사적 사건의 배경과 맥락, 관련 인물들의 이야기에 관심을 가지고 자료를 찾아보는 습관을 기를 수 있습니다.

이러한 심도 있는 학습은 단기적인 성과뿐 아니라 장기적으로 자녀의 학습 능력을 크게 향상시키는 데 도움이 됩니다. 또한 성적의 향상으로 자신감을 갖게 만들 수 있습니다.

실천적인 학습 습관 기르기

심도 있는 학습은 한 번의 경험으로 끝나는 것이 아니라 꾸준히 탐구하는 습관으로 자리잡아야 합니다.

*매일 30분씩 자녀가 좋아하는 주제에 대해 자료를 찾아보고 요약하는 시간을 정해서 실천하는 것이 효과적입니다.

*관련 주제에 대해 토론을 유도하여 깊은 사고를 자극합니다. 예를 들어, "이 시대에 이런 사건이 벌어진 이유는 무엇일까?"와 같은 질문을 던질 수 있습니다.

학습 과정에서 실천할 수 있는 구체적인 방법

실천 방안	구체적인 방법	효과
흥미 있는 주제 발견	─자녀와 대화를 통해 관심 분야를 찾아내고, 다양한 경험을 통해 흥미를 찾도록 격려	─자녀가 즐겁게 학습에 몰입할 수 있으며, 자연스럽게 학습 시간이 늘어나고 성취도가 향상됨
성공 경험 쌓기	─자녀가 좋아하는 과목에서 쉽게 달성할 수 있는 목표를 설정하고, 작은 성공을 격려하며 자신감을 키우도록 도움	─자녀가 성취감을 느끼고, 학습에 대한 자신감이 생기며 다른 과목으로 확장할 때 긍정적인 영향을 미침
내적 동기 강화	─자녀가 성취한 작은 목표들을 칭찬하고, 외적 보상없어도 스스로 보람을 느끼도록 자극	─자녀가 학습 자체에서 즐거움과 만족을 느끼며, 자발적으로 학습하려는 의지가 강해짐
자기 주도 학습 지원	─자녀가 스스로 학습 계획을 세우고, 필요한 자료를 찾아보도록 지도	─자녀가 스스로 학습하는 능력이 강화되고, 장기적으로 학습의 지속성과 성취도가 향상됨

실천 방안	구체적인 방법	효과
학습 스트레스 관리	−자녀의 학습 환경을 편안하게 조성하고, 충분한 휴식 시간을 주며 스트레스를 줄일 수 있도록 도와줌	−학습에 대한 부담감을 줄이고, 자녀가 더 편안한 마음으로 학습에 임하게 되어 효율성이 높아짐
다양한 경험 제공	−자녀가 다양한 과목과 활동을 경험할 수 있도록 기회를 제공	−자녀가 다양한 분야에 흥미를 가질 수 있게 되어, 다양한 주제에 대한 폭넓은 학습 기회를 얻으며 창의성과 문제 해결 능력이 발달함
긍정적 학습 환경 조성	−자녀가 학습에 몰입할 수 있도록 학습 환경을 정리하고, 긍정적인 분위기를 만들어 줌	−학습 집중력이 향상되며, 자녀가 학습을 더 즐겁고 편안하게 느낄 수 있음
도전적 과제 제공	−자녀가 충분히 흥미를 느끼고 준비가 되었을 때, 적절한 수준의 도전적 과제를 제시하여 성취감을 느끼게 함	−자녀가 성취감을 느끼며 학습 능력이 발전하고, 도전에 대한 긍정적인 태도가 형성됨
피드백과 격려 제공	−자녀가 학습 과정에서 노력한 부분을 구체적으로 칭찬하고, 개선이 필요한 부분은 긍정적인 방향으로 제안	−자녀가 학습에 대해 긍정적인 태도를 유지하며, 꾸준히 발전해 나가려는 의지를 가짐

복잡한 문제는
단계별로 나눠서 생각해보자

복잡한 문제를 단계별로 나누어서 생각하는 학습 방법은 자녀가 학업에 대해 긍정적인 태도를 유지하고 지속적으로 동기를 부여합니다. 그 결과 학습에서의 스트레스를 줄여 학습의 효율성을 높이는 데 큰 역할을 합니다.

이러한 학습 접근법은 자녀의 논리적 사고력과 문제 해결 능력을 향상시켜 줍니다. 자녀가 학습 과정에서 성취감을 느끼고 자신감을 가지며 학업에 임하면서 이러한 능력을 발휘할 수 있도록 하는 것은 부모의 중요한 역할 중 하나입니다.

복잡한 문제의 구조화

문제를 한 번에 모두 해결하려고 하면 자녀에게 큰 부담이 될 수 있습니다. 이런 방식은 오히려 학업에 대한 스트레스를 증가시켜,

자녀가 학습에 대한 부담감을 느끼게 만들 수 있습니다.

이때, 문제를 작은 단계로 나누어 해결하는 방법은 전체 문제를 보다 명확하게 이해하고 접근할 수 있도록 도와줍니다. 문제를 분석하고, 필요한 단계를 세분화하면 자녀가 각 단계를 차례차례 해결하며 더 나은 성취감을 느낄 수 있습니다.

수학 문제를 풀 때 처음부터 전체 문제를 해결하려 하지 않고, 문제를 차근차근 나누는 과정을 통해 해결하도록 지도할 수 있습니다. "이 문제를 어떻게 세 단계로 나눌 수 있을까?"와 같은 질문을 던지며, 학생이 스스로 문제를 분석하도록 유도할 수 있습니다.

첫째, 문제를 이해하고, 둘째, 필요한 공식을 찾고, 마지막으로 각 계산 단계를 체계적으로 진행하는 방식입니다. 이러한 과정은 문제를 보다 쉽게 해결할 수 있는 기반을 제공합니다. 자녀가 문제를 해결했을 때, "첫 번째 단계에서 조건을 잘 정리했네!"와 같은 긍정적인 피드백도 중요합니다.

또 다른 예로, 자녀가 에세이를 작성할 때도 마찬가지입니다. 먼저 주제를 선정한 후, 자료 조사를 하고, 목차를 구성하며, 각 섹션별로 글을 쓰는 순차적인 단계로 나누는 것이 중요합니다. 이러한 단계별 구조화는 자녀가 혼란스럽게 않게 글을 작성하고, 전체적인 글의 완성도를 높일 수 있는 방법입니다.

단계적 문제 해결

> 고등학교 2학년인 서연은 수학 기하문제를 어려워했습니다. 문제를 풀기 위해 전체를 한 번에 해결하려 하다 보니 좌절감을 느끼곤 했습니다. 그러나 다음과 같은 단계적 접근 방식을 적용한 후, 문제를 명확히 이해하고 차근차근 해결할 수 있었습니다.
>
> 첫 단계에서는 문제에서 요구하는 조건과 힌트를 정리했습니다. 두 번째 단계에서는 필요한 공식을 찾고, 이를 문제에 적용하기 위해 준비 단계로 나누었습니다. 마지막 단계에서는 각 계산 과정을 순차적으로 진행하며, 중간 결과를 확인했습니다. 교과서를 통해 정답과 풀이 과정을 비교하고, 부족했던 부분을 반복 학습했습니다.
>
> 이러한 방식으로 문제를 해결하면서 큰 성취감을 느꼈고, 점차 더 어려운 문제에도 도전하는 자신감을 갖게 되었습니다.

부모는 이러한 사고방식을 지속적으로 심어주는 과정은 매우 중요합니다. 자녀가 학습 자체를 성취로 여기고, 스스로 발전할 수 있는 도전을 즐기는 태도는 자녀의 미래 학습 과정에서도 중요한 밑거름이 될 것입니다.

논리적 사고 훈련

단계별로 문제를 해결하는 과정은 자녀의 논리적 사고능력을 크게 향상시킵니다. 자녀는 문제를 분석하고, 각 단계를 계획하며 논리적으로 접근하는 훈련을 받습니다. 이러한 과정은 단순히 문제를 해결하는 것을 넘어서, 문제 해결의 전체 과정을 체계적으로 이해하는 데 도움을 줍니다. 자녀는 문제를 하나씩 해결하며, 그 속에서 논리적 사고를 자연스럽게 습득하고 강화하게 됩니다.

문제를 단계별로 해결하는 습관은 자녀의 전반적인 문제 해결 능력을 크게 향상시킵니다. 복합한 문제를 단번에 해결하려는 것이 아니라, 단계적으로 접근하는 방식은 자녀가 문제를 보다 체계적이고 차분하게 분석할 수 있도록 도와줍니다.

입시를 위한 구체적 가이드

> 매일 학습 계획을 세울 때, 특정 과목이나 문제를 단계적으로 나누어 학습하도록 설정하는 것이 효과적입니다. AI 기반 앱을 통해 문제를 분석하고, 단계적으로 학습하며 실수를 보완할 수 있습니다. 단계별로 문제를 해결한 경험을 교사에게 제출하면 학업 능력 및 특기 사항에 기록되어 수시에서 긍정적인 평가를 받을 수 있습니다.

단계별로 문제를 해결하는 경험은 중요한 탐구와 문제해결 능력의 향상으로 이어집니다. 문제를 구조화하여 해결한 경험은 생기부에 학습 태도와 성취 과정으로 기록됩니다. 이러한 기록에서 단순히 문제 해결을 넘어서, 문제의 본질을 파악하고 더 나은 해결책을 찾는 능력을 갖춘 학생으로 평가됩니다.

긍정적인 학습 효과

복잡한 문제를 작은 단계로 나누어 해결하는 방식은 자녀에게 매우 긍정적인 학습 효과를 줍니다. 각 단계를 하나씩 해결해 나가면서 자녀는 매번 성취감을 느끼게 되고, 이러한 작은 성공들은 자녀의 자신감을 강화하는 데 큰 도움을 줍니다.

AI 기반 앱에서는 문제 풀이 과정에서 학생이 자주 실수하는 부분을 즉각적으로 알려줍니다. 또한 학생의 현재 수준에 맞는 학습 단계를 추천하며, 문제를 체계적으로 구조화하도록 돕습니다. 반복 학습 기능을 활용하면 틀린 문제를 다시 풀어보며, 문제를 단계적으로 나누는 사고방식을 훈련할 수 있습니다.

각 단계를 해결할 때마다 구체적인 목표를 설정하는 것이 중요합니다. 수학 문제를 풀 때 하나의 공식을 이해하거나 적용하는 단계를 목표로 삼고, 그 목표가 달성될 때마다 자녀가 스스로 만족감을 느끼게끔 하는 것입니다. 이 작은 목표들이 쌓이면 더 큰 목표를 향해 나아가는 동력이 됩니다.

학습 과정에서 실천할 수 있는 구체적인 방법

실천 방안	구체적인 방법	효과
문제를 작은 단계로 나누기	−문제를 분석하여 하위 단계로 나눈 후, 각 단계를 차례로 해결하게 지도	−자녀는 부담을 줄이고 각 단계에서 성취감을 느껴 자신감을 강화할 수 있음
구체적인 목표 설정	−각 단계마다 달성 가능한 목표를 설정하고, 목표를 달성했을 때 칭찬이나 보상을 제공해 자녀의 동기부여를 지속	−자녀가 작은 성공을 반복하며 학습 동기를 유지하고 더 어려운 과제에 도전할 수 있게 됨
피드백 제공과 자기 점검 유도	−각 단계가 끝난 후 잘한 점과 개선할 점에 대해 자녀와 피드백을 나누고, 스스로 학습 과정을 돌아보게 함	−자녀가 학습 방법을 점검하고 개선하며 자기 주도적인 학습 습관을 형성할 수 있음
논리적 사고 훈련	−문제를 단계별로 해결하는 과정에서 자녀가 논리적 사고를 하도록 지도	−자녀는 문제 해결을 체계적으로 접근하며, 논리적 사고 능력이 강화
스트레스 완화와 부담 감소	−문제를 한 번에 해결하려 하지 않고, 단계적으로 나누어 집중하게 하여 학업에 대한 부담을 줄여줌	−자녀는 더 편안하게 학습에 임할 수 있으며, 학습에 대한 긍정적인 태도를 유지할 수 있음
성공 경험 강조	−각 단계를 해결할 때마다 성취감을 느끼고 이를 부모와 공유하도록 함	−자녀는 성취감을 느끼며, 학습에 대한 자신감을 지속적으로 느낄 수 있음
부모와의 대화 및 피드백	−자녀가 학습한 내용을 부모와 대화하며 복습하고, 피드백을 주고받는 시간을 갖음	−자녀는 학습 내용에 대한 이해도를 높이고, 개선해야 할 점을 스스로 깨닫게 함
학습 과정에서 문제 해결 즐기기	−학습의 결과보다는 과정에서 배우는 점을 강조하여 자녀가 학습 자체를 즐기도록 유도	−자녀는 학습 과정 자체를 즐기게 되어 장기적인 학습에 대한 긍정적인 태도를 형성하게 됨

입시 성공을 위해 반드시 유념해야 할 것들

1. 수업 활동의 충실도가 핵심 경쟁력

입시에서 대학은 학생의 학업 역량을 중시하며, 충실한 수업 참여를 높이 평가합니다. 수업을 성실히 듣고 교과 경쟁력을 높이는 것이 입시 성공의 중요한 요소입니다.

2. 탐구 활동의 중요성과 보고서 작성

관심 있는 분야를 탐구하고 그 결과를 정리하는 것은 학종에서 중요한 평가 요소입니다. 탐구 과정을 논리적으로 정리한 보고서를 작성하면 긍정적인 평가를 받을 수 있습니다. 다양한 활동을 체계적으로 정리하고 내면화하는 것이 학업 역량 강화로 이어집니다.

3. 호기심을 학업 역량으로 연결하기

수업 중 느끼는 호기심을 탐구로 연결될 수 있습니다. 어려운 내용보다 기본 개념을 다양한 방식으로 증명하는 과정도 좋은 학습 전략입니다. 교과 내용에서 출발한 관심이 심화 학습으로 이어지는 것이 중요합니다.

4. 수업과 독서를 연계한 심화 학습

교과 내용을 자신의 시각에서 분석하고 다양한 관점에서 비교하는 과정이 중요합니다. 배운 내용을 바탕으로 독서를 진행하고, 의문점을 해결하며 보고서로 연결할 수 있습니다. 심화 활동으로 관련 도서를 찾아보거나 추가 탐구를 하면 학습 효과를 극대화할 수 있습니다.

3

더 똑똑하게 공부하는
나만의 학습 전략

-학습 방법과 전략-

문제집을 풀 때는 답을 바로 보지 말고 생각해보는 시간을 가져보자

문제집을 풀 때 자녀에게 답을 바로 확인하지 말고 스스로 생각하는 시간을 가지도록 격려하는 것은 매우 중요합니다. 이는 단순한 문제 풀이를 넘어, 학업에 대한 동기 부여를 제공하고 긍정적인 학업 태도를 유지하는 데 중요한 역할을 합니다.

더불어 자녀의 문제 해결 능력, 자기 주도 학습 습관, 기억과 이해의 깊이, 학습의 효율성을 크게 향상시킬 수 있는 방법이기도 합니다. 부모로서 자녀에게 이러한 학습 습관을 지도하고 지지하는 것은 자녀의 학업 잠재력을 극대화하고, 성장을 도울 수 있는 효과적인 방법입니다.

다양한 접근 방식으로 분석하기

문제집을 풀 때 답을 바로 보지 않고 스스로 고민하는 시간을 가지는 습관은 자녀의 문제 해결 능력을 향상시키는 데 매우 중요합니다. 특히 고교학점제와 AI 기반 학습앱이 도입되면서 학생들에게 요구되는 사고력과 문제 해결 방식이 점차 복합적으로 변화하고 있습니다.

고교학점제에서는 학생이 과목을 자유롭게 선택하고 자기 주도적으로 학습할 수 있는 능력이 필요합니다. 자녀가 심화 수학 과목을 선택했다고 가정할 때, 문제집을 풀다가 어려운 문제를 만났을 때, 스스로 고민하는 시간을 가짐으로써, 단순히 공식을 외우는 것이 아니라 문제의 핵심 개념을 이해하게 됩니다. 이는 단순 암기에 의존하지 않고 여러 각도에서 문제를 접근해 보는 경험을 통해 고교학점제에서 요구하는 자기 주도 학습 능력을 기르는 데 도움을 줍니다.

하지만 자녀가 한 문제를 10분 이상 고민했음에도 해결이 어렵다면 부모님이 힌트를 주거나 교사의 도움을 받는 방식으로 넘어가는 것이 좋습니다. 이 과정에서 자녀는 문제 해결에 필요한 정보를 어떻게 정리하고 활용해야 하는지 배울 수 있습니다.

문제를 직접 해결하려고 노력하는 과정에서 자녀는 자연스럽게 다양한 접근 방법을 시도하게 됩니다. 이는 단순히 정답을 맞추는 것을 넘어서, 문제를 여러 시각에서 분석하고 접근하는 능력을 기르는 데 매우 유용합니다.

예를 들어, 수학 문제를 풀 때 하나의 공식을 외우는 것보다 여러 가지 방법으로 문제를 해결하는 훈련을 통해 논리적 사고와 창의적 문제 해결 능력을 기를 수 있습니다. 이 과정에서 자녀는 문제의 본질을 더 깊이 이해하게 되며, 다양한 상황에서 스스로 해결책을 도출하는 능력이 발달합니다.

답을 바로 보는 대신, 스스로 생각해보는 습관은 자기 주도 학습 능력을 향상시키는 중요한 방법입니다. 문제를 깊이 고민하고 풀어보는 과정에서 자녀는 학습한 개념들을 연결하고, 이를 응용하는 능력을 기르게 됩니다.

이러한 학습 방식은 단순 암기식 학습보다 훨씬 효과적이며, 더 깊은 이해를 도모할 수 있습니다.

최근의 중고등학교 시험에서는 여러 과목에서 창의적 사고를 요구하는 과제가 많이 등장합니다. 자녀가 스스로 문제를 해결할 때마다 다양한 접근 방법을 시도하게 격려하는 것은 창의적인 사고를 강화하는 데 매우 효과적입니다.

예를 들어, 역사 과목에서 특정 사건을 분석할 때, 사건의 원인과 결과를 단편적으로 외우기보다는 다양한 자료를 분석하고, 본인의 견해를 정리하게 함으로써 창의적인 사고를 연습할 수 있습니다.

'이 문제를 다른 관점에서 보면 어떻게 해결할 수 있을까?' 또는 '이 문제의 답을 찾기 위해 어떤 추가 정보가 필요할까?'와 같은 질문을 던져주면, 자녀가 생각의 폭을 넓히고 다양한 관점을 익히는 데 도움이 됩니다.

다각도로 분석하는 습관

고등학교 3학년인 민영은 수시전형을 준비 중이었습니다. 그는 자신의 주요 전형 요소인 논술에서 더 나은 성과를 내고 싶었지만 복잡한 논술 문제에 풀이를 생각하는 과정에서 막히는 경우가 많았습니다.

먼저 민영은 평소 논술 문제를 풀 때 풀이를 바로 기술하기보다는 스스로 다양한 접근 방법을 시도하는 시간을 늘리기로 했습니다. 문제를 여러 각도에서 분석하고, 스스로 해결책을 찾기 위해 더 고민하는 훈련을 시작한 것입니다.

민영은 논술을 준비하면서 다양한 시각에서 문제의 분석하는 훈련을 시작했습니다. 예를 들어, 환경 문제에 대한 논술을 준비할 때, 단순히 문제의 원인과 해결책을 나열하는 것에서 그치지 않고, 사회적, 경제적, 윤리적 측면에서 문제를 다시 분석했습니다.

그 결과, 논술 문제를 푸는 방식이 훨씬 깊이 있고 체계적이 되었으며, 논리적 흐름이 강화되었습니다.

민영은 이제 문제에 대한 풀이를 적기 전에 먼저 문제의 맥락과 핵심을 정리하고, 그에 따른 해결책을 다각도로 분석해 보는 습관을 기르게 되었습니다.

AI 기반 학습앱의 시대에는 학생의 이해도에 따라 맞춤형 학습이 가능하기 때문에, 답을 빨리 확인하는 것보다 스스로 문제를 해결해 보는 시간이 더욱 중요해졌습니다.

자녀가 수학 문제에서 어려움을 겪고 있을 때, AI 학습앱이 제시하는 단계별 힌트나 관련 학습 자료를 활용하여 스스로 풀어보는 연습을 할 수 있습니다.

이 과정에서 자녀는 자신만의 사고 체계를 구축하게 되며, 나아가 다른 과목에서도 문제 해결을 위한 다양한 접근 방법을 배우게 됩니다. 또한 AI 학습앱에서 제공하는 예시 문제나 힌트를 자녀가 적극 활용하도록 권장하는 것이 좋습니다.

예들 들어 문제를 푸는 순서를 교과서의 가이드에 따라 맞추거나, 잘 이해되지 않는 문제에 대해 추가 학습을 요구하는 기능을 사용하는 것이 좋습니다.

시험에서 여러 개념이 복합적으로 섞인 복잡한 문제를 해결할 때 이러한 창의적인 사고는 매우 유용합니다. 자녀가 문제를 다양한 각도에서 접근할 수 있도록 격려하는 것은 학업뿐만 아니라 실생활에서도 중요한 문제 해결 능력을 키우는 데 기여합니다.

최근 수능에서도 단순히 정답을 맞추는 능력보다는 다양한 시각에서 접근하고 창의적으로 해결하는 능력을 중요하게 평가합니다. 언어, 수리영역 등에서 융합형 문제나 복합적 사고를 요구하는 문제들이 늘어나고 있습니다.

수학에서 기하나 대수의 개념을 함께 적용해야 하는 문제를 만났을 때, 자녀가 스스로 고민해보고 여러 방식으로 접근해 보는 과정을 통해 복합적인 문제 해결 능력을 키울 수 있습니다. 국어 지문에서도 저자의 의도와 글의 구조를 함께 분석해 보는 등의 훈련이 입시 변화에 대비하는 데 도움이 됩니다.

기억과 이해의 강화

고교학점제에서는 선택한 과목이 개별적으로 보일 수 있지만, 서로 다른 과목의 개념을 연결해보는 활동을 통해 이해를 심화할 수 있습니다. '심화 수학'에서 배운 확률 개념을 사회과학적 분석에 적용하거나, 과학 실험 결과의 분석에 응용해보는 방식으로 서로 다른 과목 간의 개념을 연결하면서 학습하면 자연스럽게 개념이 견고하게 자리잡고 장기 기억으로 전이됩니다.

모의고사에서 단순히 답을 빠르게 확인하기 보다는 문제를 푸는 과정에서 여러 가지 접근 방법을 생각해 보는 것이 좋습니다. 정답을 곧바로 확인하는 대신 문제를 풀이해보고, 풀었던 문제를 다시 분석하여 왜 정답이 그 해답인지 설명하는 과정을 반복하는 것입니다. 수학 문제를 풀 때 AI 학습앱은 학생이 놓친 부분을 분석하여 구체적인 피드백을 주기 때문에 반복 학습과 이해의 강화를 이끌어냅니다.

수시전형의 면접이나 심층 면접을 대비하기 위해서도 평소 다양한 주제에 대해 질문을 던지고 스스로 답을 찾는 훈련이 필요합니다. 학부모는 자녀와 대화할 때 개념의 이해를 묻고, 왜 그런지 설명하게 하여 자녀가 주도적으로 생각을 정리해나가도록 도울 수 있습니다.

AI 기반 학습 도구는 자녀가 과제를 제출한 후 스스로 평가할 수 있는 기능을 제공할 수 있습니다. 이를 통해 자녀는 자신의 논리와 해답에 대해 비판적으로 평가하고 학습 방향을 조정할 수 있습니다.

스스로 생각해보는 과정을 통해 학습의 효율성 또한 높아집니다. 자녀가 문제를 깊이 고민하는 과정에서 학습한 개념들이 보다 견고하게 연결되며, 이를 응용할 수 있는 능력이 발달합니다. 단순히 답을 암기하는 것보다 개념을 스스로 이해하고 적용하는 능력이 향상되면, 학습의 질이 더욱 높아지게 됩니다.

문제를 풀면서 답을 스스로 생각해 내는 과정은 자녀의 기억과 이해력을 크게 향상시킵니다. 즉각적으로 답을 확인하는 경우, 학습한 내용이 단기 기억에만 머물 가능성이 높습니다. 그러나 스스로 문제를 해결하는 과정에서 생각을 깊이 하게 되면, 학습한 정보는 장기 기억으로 전이되기 쉽습니다.

스스로 답을 찾아가기

중학교 2학년인 민지는 최근 수학 문제를 풀 때마다 답을 바로 확인하는 습관이 있었습니다. 선생님께서 주신 문제집을 풀면서 모르는 문제나 어려운 문제가 나오면 고민하지 않고 답을 보고 넘어가곤 했습니다. 그러다 보니 시험 기간에는 배운 내용을 금방 잊어버리는 일이 많았고, 단기적으로는 성적이 오르지만, 시간이 지나면 다시 기억이 흐려지는 경험을 자주 했습니다.

민지의 수학 선생님은 익숙한 방식에서 벗어나 답을 확인하지 않고 스스로 문제를 풀어보는 것이 좋을 것이라고 조언했습니다.

"민지야, 문제를 풀 때 바로 답을 확인하기보다는 조금 더 시간을 들여서 스스로 생각해보는 게 중요해. 그 과정을 통해 배운 개념이 더 깊이 연결되고, 오래 기억할 수 있거든. 답을 모를 때는 여러 가지 방법을 시도해 보면서 고민해보고, 설령 틀리더라도 그게 더 좋은 학습이야."

민지는 선생님의 조언에 따라 문제를 더 깊이 생각하고 다양한 방식으로 풀어보는 시간을 가지기 시작했습니다. 틀리더라도 일단 스스로 고민해보고, 나중에 답을 확인한 후 왜 틀렸는지를 분석하는 과정을 반복하기로 결심했습니다.

부모는 자녀에게 이러한 학습 방식을 자연스럽게 습관화할 수 있도록 대화를 통해 그 중요성을 인식시키는 것이 좋습니다. 이를 통해 자녀는 학습의 원리를 이해하고, 자신감을 바탕으로 더 높은 목표를 설정하여 학습에 임하게 됩니다. 이러한 학습 태도는 장기적으로 학업 잠재력을 폭발시키는 강력한 원동력이 될 것입니다.

학습 과정에서 실천할 수 있는 구체적인 방법

실천 방안	구체적인 방법	효과
생각하는 시간 확보하기	−문제를 풀 때 정해진 시간 동안 스스로 해결 방법을 찾도록 격려 −시간 제한을 두고 문제를 고민하도록 유도	−자녀의 사고력을 깊이 있게 만들고, 학습 내용을 장기 기억으로 전이시켜 시험이나 실생활에서 응용할 수 있는 능력을 강화

실천 방안	구체적인 방법	효과
성공 경험 강조하기	−자녀가 문제를 해결할 때마다 작은 성취감을 느끼도록 칭찬과 격려를 아끼지 않고, 난이도 조절을 통해 도전 과제를 제공	−자녀의 자신감을 강화하고, 더 어려운 문제에 도전하는 적극적인 태도를 기르게 함 −성취감을 통해 학습 동기를 유지하고 강화할 수 있음
창의적 사고 촉진하기	−문제 해결 시 다양한 방법을 시도해 보고, 그 결과를 비교해 보도록 함 −한 가지 문제에 대해 여러 해결책을 고민하도록 유도	−자녀가 문제를 다각도로 분석하고 다양한 해결 방법을 모색하는 과정에서 창의적 사고와 논리적 문제 해결 능력이 향상됨 −특히 복합적인 문제에 강한 적응력을 기를 수 있음
학습 목표 설정하기	−매일 또는 매주 학습 목표를 설정하고, 목표 달성 시 보상체계를 마련 −자녀 스스로 달성 가능한 목표를 구체적으로 정하게 함	−자녀의 자기 주도 학습 능력을 키우고, 학습 성취도를 점진적으로 향상시키며 목표 달성의 성취감을 통해 꾸준한 학습 동기를 부여
학습 환경 조성하기	−집중할 수 있는 환경을 만들어 주고, 규칙적인 학습 시간을 정한다. 스마트폰이나 TV와 같은 방해 요소를 최소화	−집중력 향상으로 학습의 효율성을 높이며, 규칙적인 학습 습관을 형성하여 장기적인 학습 성취에 기여
피드백 제공하기	−자녀의 학습 과정을 지켜보며 발전한 부분과 개선할 부분에 대해 구체적인 피드백을 제공한다. 긍정적인 피드백을 강조	−자녀가 스스로 학습 과정을 객관적으로 평가하고, 성과를 자작하면서 자신감을 높이며 지속적인 개선을 도모할 수 있음

예습을 통해 수업 내용을
미리 알아보는 것도 좋아

준비된 자에게 기회는 온다

예습은 학습의 출발점이자 자기 주도 학습의 핵심입니다. 예습을 통해 수업 내용을 미리 파악하면, 수업 중에 더 능동적으로 참여할 수 있을 뿐만 아니라 이해도와 기억력도 향상됩니다.

이로 인해 자녀는 학업에 대한 긍정적인 태도를 유지할 수 있고, 지속적인 동기 부여가 되기 때문에 예습은 매우 효과적인 학습 전략입니다.

부모는 자녀에게 예습의 중요성을 강조하고, 이를 학습 습관으로 자리 잡도록 꾸준히 격려해야 합니다. 예습이 습관화되면 자연스럽게 자기 주도 학습 능력이 향상되며, 시간 관리 능력도 함께 발달합니다.

결과적으로, 학습 잠재력을 최대한 발휘할 수 있게 되므로, 예습을 놓치지 않도록 부모는 대화를 통해 끊임없이 그 중요성을 주지시켜야 합니다.

수업 이해도 향상

예습을 통해 자녀는 수업 전에 기초적인 개념을 미리 이해할 수 있습니다. 이를 바탕으로 수업 시간에는 기본 개념을 응용하거나 확장하는데 집중할 수 있게 됩니다. 예를 들어, 역사 수업에서 특정 사건에 대한 기본 지식을 예습했다면, 수업 중에는 그 사건의 원인과 결과, 그리고 다른 사건과의 연관성까지 깊이 탐구할 수 있습니다.

또한 예습은 수업 시간에 새로운 내용을 배우는 과정을 더 수월하게 만들어 주고, 수업에서 더 깊이 있는 이해를 가능하게 합니다. 이렇게 준비된 상태에서 수업에 참여하면 자녀는 더 자신감이 높아지고, 주도적인 자세로 수업에 능동적으로 참여할 수 있습니다.

수업 내용에 대한 깊은 이해

초등학교 5학년인 지호는 평소에 수업을 잘 듣지만, 특히 사회 시간에 나오는 역사 이야기가 어렵게 느껴졌습니다. 선생님이 설명하는 내용은 흥미로웠지만, 수업 중에 많은 정보를 한 번에 받아들이는 게 쉽지 않았습니다. 지호의 부모님은 예습을 중요성을 알려주며, 수업 전에 미리 교과서를 읽고 중요한 개념을 정리해보는 연습을 권했습니다.

지호는 다음 수업에서 배울 "임진왜란"이라는 주제에 대해 미리 교과서를 읽기 시작했습니다. 교과서에 나오는 임진왜란의 기본적인 배경과 주요 인물들을 읽고, 중요한 내용을 노트에 적어보았습니다. 왜란이 일어난 이유와 그 과정에서 어떤 인물들이 중요한 역할을 했는지 간단하게 정리해 놓았습니다. 그리곤 부모님과도 짧은 대화를 나누며, "왜 임진왜란이 일어났을까?"라는 질문을 함께 고민해 보았습니다.

지호는 자신이 예습한 내용을 바탕으로 사회 수업에 참여하게 되었습니다. 수업에서 선생님이 임진왜란의 전개와 그로 인한 결과에 대해 설명했을 때, 지호는 이미 기본적인 사건의 배경을 알고 있었기 때문에 더 깊이 있는 내용을 이해하는 데 집중할 수 있었습니다. 다른 친구들이 처음 듣는 이야기에 놀라거나 어려움을 겪을 때, 지호는 자신감 있게 수업에 참여하며 질문도 하고, 선생님이 묻는 문제에도 적극적으로 대답했습니다.

고교학점제에서 예습은 더욱 중요한 역할을 합니다. 선택 과목의 다양성과 심화된 내용으로 인해 수업 전에 기초 개념을 숙지하지 않으면 수업을 따라가기 어려울 수 있습니다. 예를 들어 과학 과목인 물리학II 과목을 선택한 학생이 다양한 자료를 활용해 예습하면, 실험 데이터의 분석 방법이나 공식의 응용을 사전에 파악할 수 있습니다. 이로 인해 수업 시간에는 더 깊이 토론이나 문제 해결에 집중할 수 있습니다.

교과서나 참고서의 해당 단원을 미리 읽어보는 것은 좋은 출발점입니다. 주요 개념과 용어를 미리 파악해두면, 수업 중에 더 쉽게 이해할 수 있습니다. 예습하면서 이해되지 않는 부분을 기록해두고, 수업 중에 질문을 준비하는 것은 수업 후 복습할 때도 큰 도움이 됩니다. 수업 중에 심화된 이해를 한 상태라면, 복습 시간에 학습 내용을 정리하고 응용하는 데 더 많은 시간을 할애할 수 있습니다.

자기 주도 학습 습관 형성

예습은 단순히 교사의 지시에 따라 수동적으로 수업을 듣는 것이 아니라, 자녀가 스스로 학습의 주체가 되는 과정입니다. 예습하면서 자녀는 스스로 학습 목표를 설정하고, 그 목표를 달성하기 위한 계획을 세우게 됩니다. 이때 부모가 자녀와의 대화를 통해 예습을 지속적으로 확인하고 지원하면, 자녀는 예습하면서 학습에 대한 책임감을 더욱 강하게 느끼고 이를 내재화할 수 있습니다.

"오늘 예습하면서 가장 어려웠던 부분이 무엇이었니?"와 같은 질문을 나누면, 자녀는 어려운 부분을 스스로 점검하고 개선하려는 태도를 기를 수 있습니다.

이 과정에서 학생은 학습 스타일과 강약점을 파악하고 자신만의 학습 전략을 개발하게 됩니다. AI 기반 학습앱을 활용하면 학생은 개별 맞춤형 학습 자료를 통해 자신에게 적합한 학습 방법을 쉽게 찾을 수 있습니다. 이는 고교학점제와 같은 다양한 과목 선택의 체제에서도 학생이 주도적으로 학습할 수 있는 기반을 제공합니다.

수업의 주체로 만드는 예습

중학교 2학년인 민아는 평소 수업 시간에 선생님의 설명을 잘 듣긴 하지만, 시험 성적이 기대에 미치지 못해 고민이 많았습니다. 어느 날 부모님은 민아에게 예습을 중요성을 이야기해주며, 스스로 학습을 주도하는 방법을 제안했습니다. 부모님은 민아에게 교과서를 미리 읽고, 다음 수업에서 다룰 내용을 미리 공부해보라고 조언했습니다.

민아는 교과서를 읽으며 모르는 부분에 밑줄을 긋고, 중요한 개념을 따로 메모하기 시작했습니다. 그러다 보니 자연스럽게 자신만의 학습 목표를 세우게 되었고, 그 목표를 달성하기 위해 계획을 세우게 되었습니다. 수학 수업 전에 그날 배울 개념을 한 번 훑어보고, 과학에서는 관련된 실험이나 예제를 미리 찾아보려고 했습니다.

어느 날, 민아는 역사 시간에 "산업혁명"이라는 주제를 미리 예습하면서 궁금한 점을 발견했습니다. "산업혁명이 왜 그렇게 중요한 사건일까?"라는 의문이 생긴 민아는 인터넷에서 추가 자료를 찾아보며 스스로 답을 찾기 시작했고, 이 과정에서 더 깊이 있는 학습을 할 수 있었습니다.

다음 날 학교 수업에서 선생님이 산업혁명을 설명할 때, 민아는 자신이 이미 예습한 내용을 바탕으로 질문도 하고, 더 적극적으로 수업에 참여할 수 있었습니다.

예습 과정에서 부모는 자녀가 스스로 학습 목표를 설정하고, 적절한 학습 방법을 선택하며, 학습 과정을 조절하는 모습을 주의 깊게 살펴보는 것이 중요합니다.

자녀가 어떤 부분에 집중할지, 어떤 자료를 참고할지 결정하는 과정을 통해 자신의 학습 스타일과 강약점을 파악하고, 그에 맞는 학습 전략을 개발할 수 있습니다.

토론과 발표 활동이 더욱 중요시되는 입시 환경에서 예습 과정에서 발표 주제를 선정하고, 발표 자료를 구성하며, 예상 질문에 대한 답변을 준비하는 습관을 키우는 것이 매우 중요합니다. 이는 수시 전형의 평가 요소에서 긍정적인 영향을 미친다는 점도 반드시 유념해야 할 것입니다.

예습은 심화 학습으로 연결

예습은 단순히 정보를 습득하는 수준을 넘어 사고력과 문제 해결 능력을 확장하는 학습으로 이어집니다. 이러한 과정은 고교학점제와도 밀접하게 연결되는데, 학생이 선택한 과목에서 심화 학습이 이루어질수록, 예습은 더 중요해집니다. AI 디지털 교과서는 예습 단계에서 학생이 어려운 부분을 사전에 인지하도록 돕고, 수업 시간에는 더욱 능동적으로 참여할 수 있습니다.

특히, 입시 변화에 따른 학생부 종합전형 대비에서도 예습을 중요한 역할을 합니다. 학생이 예습을 바탕으로 수업 중 적극적으로 질문하고 토론에 참여하면, 세부 능력 및 특기 사항에 "주도적인 학습 태도로 심화 학습과 토론 참여"와 같은 기록이 추가될 수 있습니다. 이는 입시에서도 매우 긍정적인 평가로 연결됩니다.

기억력 강화

예습과 복습을 함께 진행할 때 학습 효과가 극대화된다는 점을 반드시 유념해야 합니다. 예습을 통해 기초적인 개념을 이해하고, 새로운 정보에 대한 첫 번째 인상을 형성합니다. 수업 중 예습한 내용을 수업 중 다시 확인하고, 복습을 통해 그 내용을 반복함으로써 기억력이 강화됩니다.

수업 시간에 담당 과목 선생님의 설명을 들으며, 이미 예습을 통해 익힌 내용을 재확인하는 과정에서 정보는 반복적으로 처리됩니다. 그러므로 새로운 정보를 여러 번 접하는 과정에서, 그 정보는 단기 기억에서 장기 기억으로 전이를 촉진하여 기억력을 강화하는 데 기여합니다.

자녀는 AI 학습앱을 통해 핵심 개념과 관련 자료를 미리 탐구할 수 있으며, 질문이나 토론 자료를 직접 준비하는 과정에서 학습 내용을 자기 것으로 만듭니다. 이후 수업 시간에 복습과 연계된 토론 활동을 진행하면, 예습과 복습은 시너지 효과를 극대화할 수 있습니다.

예습이 이러한 과정에서 중요한 역할을 한다는 사실을 자녀에게 꾸준히 강조할 필요가 있습니다. 예습과 복습의 조합은 자녀가 학습 내용을 보다 효과적으로 습득하고, 이를 오래 기억할 수 있도록 도와줍니다.

학습 효과의 극대화

중학교 때 상위권이었던 민수는 고등학교 1학년 첫 모의고사에서 3, 4등급이 나오자 비상이 걸렸다. 상담을 해보니 수업 중에 처음 듣는 내용이 너무 어려워서 이해가 잘되지 않았고, 그로 인해 성적이 기대만큼 나오지 않자 자신감도 떨어졌다. 이런 상황을 지켜보던 민수의 부모님은 선생님과의 상담 후 민수에게 예습의 중요성을 알려주었다. 민수를 이를 받아들여 학습 습관을 개선하기로 결심했다.

민수는 수업 전에 교과서를 통해 주요 개념과 용어를 이해하려고 노력했다. 수학의 경우 교과서를 미리 읽고 간단한 예제를 풀어보면서 기본 개념을 어느 정도 이해할 정도에 도달했다. 수업 시간에 예습을 통해 익힌 내용을 다시 한번 확인하면서 이미 알고 있던 개념을 떠올리면서 더 깊이 있는 설명에 집중할 수 있었다. 선생님의 설명이 훨씬 더 쉽게 이해되었고, 수업 중에 다루는 응용문제도 더 자신 있게 접근할 수 있었다.

또한 수업 중에도 여전히 이해가 어려운 부분이 있다면 주저하지 않고 선생님께 질문을 했다. 이러한 과정을 통해 수업 중에 혼란을 최소화할 수 있었고, 이해의 빈틈을 메우며 학습을 더욱 확고히 다질 수 있었다.

학습 과정에서 실천할 수 있는 구체적인 방법

실천 방안	구체적인 방법	효과
예습 계획 수립	−주간 학습 계획에 예습 시간을 할당 −다음 수업의 주제를 미리 확인하고, 관련된 교과서를 읽거나 자료를 조사	−예습의 일관성을 유지하며, 수업 전 기초 개념을 이해하고 준비할 수 있음
핵심 개념 정리	−예습 중 중요한 개념을 노트에 정리 −이해가 되지 않는 부분을 표시하여, 수업 중 집중해서 들을 부분으로 삼음	−수업 시간에 집중해야 할 부분을 명확히 하여, 수업 중 개념의 확장과 심화에 집중할 수 있음
자기 주도 학습 목표 설정	−예습 과정에서 스스로 학습 목표를 설정하고 이를 달성하기 위한 작은 목표를 단계별로 세움 −목표를 달성했을 때, 스스로 점검하고 피드백을 함	−자발적으로 학습을 주도하며, 목표 달성을 통해 성취감을 느끼고, 학습에 대한 자신감을 향상시킬 수 있음
교재와 학습 자료 활용	−교과서 외에도 관련 학습 자료나 동영상 강의를 활용하여 예습 −중요한 부분은 밑줄을 긋거나 메모하여, 나중에 복습할 때 쉽게 찾을 수 있도록 함	−다양한 자료를 활용하여 예습의 질을 높이고, 수업 중 이해도를 높일 수 있음
수업 중 확인 및 복습	−예습에서 이해한 내용을 수업 중 다시 확인하고, 잘 이해하지 못한 부분은 수업을 통해 보완	−수업 중 심도 있는 이해를 돕고, 복습을 통해 기억력을 강화하여 장기적인 학습 효과를 기대할 수 있음
질문 준비 및 참여	−예습 중 궁금한 점이나 이해되지 않는 부분을 수업 시간에 질문할 수 있도록 준비 −수업 중 적극적으로 참여하며 예습 내용을 확인	−수업 참여도를 높이고, 질문을 통해 개념을 더 깊이 이해할 수 있으며, 학습의 주체로써 자신감을 키울 수 있음

부모와 함께 소통으로 성장하는 학습 전략

자주 틀리는 문제는
따로 정리해두자

실수는 성공의 발판

시험을 치르고 나서 점수에 만족하거나 환호하기보다는, 자주 틀리는 문제를 분석하고 이를 정리하는 것이 더 중요합니다. 이러한 작업을 습관화하면서, 자녀에게 "자주 틀리는 문제를 따로 정리하자"라는 메시지를 심어주는 것이 필수적입니다.

이 과정을 통해 자녀는 자신의 약점을 명확하게 파악하고, 이를 보완함으로써 학습 효율을 높일 수 있습니다. 이는 단순한 점수 향상을 넘어, 자녀가 자기 주도 학습 습관을 형성하고, 자신감 넘치는 학습 태도를 유지하는 데 큰 도움이 됩니다. 동시에 문제 해결 능력이 크게 향상됩니다.

약점 파악과 보완

시험을 치를 때, 자녀는 종종 반복적으로 틀리는 문제 유형이나 약점을 드러낼 수 있습니다. 이러한 약점을 체계적으로 분석하고 보완하는 과정이 필수적입니다. 자녀가 자주 틀리는 문제를 따로 정리하고 분석하면, 명확하게 약점을 파악할 수 있습니다. 이를 통해 부족한 부분을 인식하고 그 부분에 집중적으로 학습을 투자함으로써 약점을 강점으로 전환할 수 있습니다.

자주 틀리는 문제를 해결하기 위한 가장 효과적인 방법 중 하나는 오답 노트를 작성하는 것입니다. 오답 노트를 통해 자녀는 자주 반복되는 실수를 체계적으로 분석할 수 있으며, 이를 통해 실수를 반복하지 않도록 학습할 수 있습니다. 오답 노트를 작성하는 과정은 자녀의 약점을 보완하는 데 중요한 역할을 하며, 학업 잠재력을 극대화할 수 있는 강력한 도구가 됩니다.

고교학점제에서는 학생이 선택한 과목에서 심화 과목을 수행해야 하므로, 약점 파악과 보완이 더욱 중요합니다. 특정 과목에서 부족한 부분을 보완하지 않으면 1등급 취득에 어려움이 생길 수 있습니다. 취약한 부분을 친구들과 토론을 통해 다양한 관점을 배우고, 이를 보고서나 프레젠테이션으로 정리해 발표해야 충실한 수업으로 평가될 수 있습니다.

오답 노트의 활용

오답 노트를 구성할 때는 문제 유형별로 분류하거나, 과목별로 구분하여 정리하면 좋습니다. 예를 들어, 수학에서는 문제 유형별로,

국어에서는 문제의 종류를 문법, 어휘력, 독해 등으로 정리하는 방식입니다.

오답 노트에는 틀린 문제와 함께 틀린 이유, 정답, 올바른 풀이 과정을 기록합니다. 이렇게 하면 같은 실수를 반복하지 않도록 도와줍니다. 이렇게 체계적으로 정리하면 필요할 때 쉽게 찾아볼 수 있습니다.

오답 노트는 단순히 틀린 문제를 모으는데 그치지 않고, 약점 극복 과정을 기록하고 응용력을 기르는 도구로 활용하는 것이 중요합니다. 틀린 문제를 유형별로 분류하고, 틀린 이유를 기록하며, 올바른 개선 방안을 기록하는 것이 효율적입니다.

효율적인 복습

자녀가 학업에서 성공하기 위해서는 효율적인 복습이 필수적입니다. 특히, 자주 틀리는 문제를 따로 정리해두면 시험 전에 효율적으로 복습할 수 있는 좋은 도구가 됩니다.

모든 문제를 다시 풀기보다는 틀렸던 문제를 중심으로 복습하면 시간을 절약할 수 있으며, 필요한 부분에 집중할 수 있습니다. 이는 시험 준비 과정에서 단시간에 실력을 향상시키는 데 매우 효과적입니다.

AI 기반 학습앱은 학생의 학습 데이터를 기반으로 약점이 드러난 문제 유형을 자동으로 분석하고 맞춤형 복습 계획을 제안합니다. 학생의 시험 결과를 분석해 틀린 문제의 원인을 분류하고, 부족한 개념을 보완할 수 있는 자료를 추천합니다. AI가 제공하는 추가 개념 설명과 예제 문제를 바탕으로 성취도를 높이는 노력이 필요합니다.

오답 노트를 활용한 실수 줄이기

중학교 3학년인 민재는 수학 시험에서 자주 틀리는 유형의 문제가 있었습니다. 특히 함수 문제에서 실수를 많이 했고, 시험 전날 벼락치기를 해도 같은 유형의 문제를 자주 틀리곤 했습니다. 그러던 어느 날, 민재의 부모님은 오답 노트를 작성해보는 것을 제안했습니다.

민재는 부모님의 조언에 따라, 시험 준비나 숙제를 할 때 틀린 문제들을 따로 노트에 기록하기 시작했습니다. 문제를 그냥 적는 것이 아니라, 어떤 부분에서 실수를 했는 지, 왜 그 답이 틀렸는지를 자세히 분석하며 오답 노트를 작성했습니다. 이후 매주 주말에 오답 노트를 꺼내서 틀린 문제들을 다시 풀어보는 시간을 가졌습니다.

처음에는 이 과정이 귀찮게 느껴졌지만, 몇 주가 지나자 민재는 자신이 자주 틀리는 문제 유형을 점점 더 정확하게 풀 수 있게 되었습니다. 그는 이전에 실수했던 문제들을 다시 풀어보며, 실수가 어디서 발생했는지 스스로 인식하게 되었고, 덕분에 비슷한 문제가 나왔을 때 빠르게 문제를 해결할 수 있었습니다.

오답 노트를 작성하고 나면, 정기적으로 검토하는 시간을 가지는 것이 중요합니다. 매주 또는 매달 한 번씩 오답 노트를 다시 보며 틀린 문제를 복습하고, 반복해서 풀어보는 시간을 갖는 것이 바람직합니다.

이러한 복습 과정은 학습 내용을 더욱 확실하게 기억할 수 있도록 도와줍니다. 더 나아가 틀린 문제를 해결하며 학습한 내용이 단순한 지식이 아닌 자기만의 것으로 체득되도록 만듭니다.

한가지 유념할 점은 단순히 틀린 문제를 정리하는 것을 넘어 이를 다른 사람에게 설명하거나 발표하는 활동으로 연결할 수 있습니다. 이러한 활동을 통하여 오답 노트를 작성하는 과정에서 복습 효과를 극대화할 수 있습니다.

심화 학습의 기회

오답 노트를 활용하는 것은 단순한 복습의 도구에 그치지 않고, 자녀에게 심화 학습의 기회를 제공합니다. 자주 틀리는 문제를 다시 풀어보는 과정에서 자녀는 다양한 접근 방법을 시도할 수 있습니다.

수학에서 미적분을 선택했는데 특정 문제 유형에서, 자주 실수한다면, 오답 노트에 해당 문제 유형과 해결 과정을 정리함으로써 심화 학습의 기회를 만들 수 있습니다. 이를 반복적으로 학습하면 단순히 한 문제를 이해하는 것을 넘어 개념의 확장과 다양한 상황에 대한 문제 해결 능력을 키울 수 있습니다.

특히 한 가지 문제를 여러 각도에서 바라보고 해결책을 찾아내는 경험은 단순히 시험 성적을 올리는 데 그치지 않고, 실생활에서도 중요한 창의적 사고력과 비판적 사고력을 기르게 됩니다.

오답 노트를 통한 심화 학습

고등학교 2학년인 지수는 수학과 과학 과목에서 성적이 꾸준히 올라왔지만, 특정 문제 유형에서 실수를 하고 있었습니다. 특히, 수학의 확률과 통계 단원과 과학의 물리 문제에서 자주 틀리는 문제들이 있었고, 이는 모의고사 점수에도 영향을 미쳤습니다. 대학 입시를 준비하는 중요한 시기였기에, 지수는 성적 향상을 위해 고민하고 있었습니다.

그러던 중 담임 선생님은 지수에게 오답 노트를 활용해 심화 학습을 해보라고 조언해 주었습니다.

"지수야, 지금 너는 충분히 잘하고 있지만, 특정 문제 유형에서 실수가 반복되고 있네. 그 문제들을 따로 모아서 다시 풀어보면서 다양한 방법을 해결하는 연습을 해보면, 그 실수를 줄일 수 있을 거야. 오답 노트를 통해 심화 학습을 시도해 보는 건 어떨까?"

지수는 오답 노트를 만들어서, 틀린 문제와 그 이유를 상세히 적기 시작했습니다. 단순히 틀린 이유만 적은 것이 아니라, 문제를 다른 방법으로 풀어보거나 접근 방식을 다양하게 시도해 보며 심화 학습에 집중했습니다.

예를 들어, 수학에서 통계 문제를 풀 때는 확률을 구하는 여러 가지 방법을 시도해 보고, 물리 문제에서는 다른 변수들을 고려해 풀이 과정을 다시 분석해 보았습니다.

지수는 점차 성적이 오르기 시작했습니다. 특히 모의고사에서 반복적으로 틀리던 문제를 맞출 수 있게 되면서 자신감이 생겼고, 이는 면접 준비나 논술에서도 더 깊이 있는 사고를 하게 하는 데 큰 도움이 되었습니다.

자주 틀리는 문제를 따로 정리하고, 반복해서 복습하는 과정은 자녀에게 자기 주도 학습의 중요한 기초를 형성하게 해줍니다. 자녀가 스스로 문제를 분석하고, 틀린 문제를 해결하는 과정을 반복하면서 자녀는 자연스럽게 자신만의 학습 계획을 세우고 관리하는 법을 익히게 됩니다.

이는 자녀가 자신만의 학습 방법을 터득하고, 장기적으로 학습 효율성을 높이는 데 중요한 역할을 합니다.

오답 노트를 작성한 후, AI 학습앱을 활용하면 자녀가 학습에서 놓친 부분을 효율적으로 보완할 수 있습니다. 다음과 같은 실천 팁을 제시합니다.

1. 자녀가 오답 노트에 기록한 내용을 AI 학습앱에 입력하거나 스캔합니다.
2. AI 학습앱이 분석한 약점에 따라 맞춤형 학습 콘텐츠를 제공받아 부족한 영역을 집중 보완합니다.
3. AI 학습앱이 추천한 문제를 풀어본 뒤, 그 결과를 다시 오답 노트에 기록하여 반복 학습합니다.

지속적인 학습 동기 부여

자주 틀리는 문제를 정리하는 것은 효율적인 학습과 자기 주도 학습 습관을 기르는 데 중요한 역할을 합니다. 이 과정은 자녀의 학업 성취도를 크게 향상시킬 수 있는 중요한 열쇠입니다. 자녀는 자신의 실수를 통해 배우고, 그 실수를 극복하는 과정을 통해 한 단계 더 성장할 수 있습니다. 틀린 문제를 다시 풀어보면서 자녀는 자신의 약점을 명확하게 인식하고, 그 약점을 보완하는 데 집중할 수 있게 됩니다.

부모는 자녀에게 실수는 배움의 기회라는 점을 강조해야 합니다. 자녀가 시험에서 실수를 하거나 예상보다 낮은 성적을 받았을 때, 그 결과에 좌절하기보다는 왜 실수를 했는지를 분석하고, 그 부분을 어떻게 보완해야 할지 계획을 세우는 것이 중요하다는 점을 이해시켜야 합니다. 이러한 과정에서 자녀는 자신의 학습 방법을 스스로 점검하고 개선하는 능력을 기르게 됩니다.

자녀가 학업에서 성공하기 위해서는 실수를 두려워하지 않는 태도가 필요합니다. 틀린 문제를 복습하는 것은 단순히 문제를 다시 풀어보는 것이 아니라, 그 실수의 원인을 분석하고 이해하는 과정입니다. 이 과정을 통해 자녀는 실수를 극복하며 점차 자신의 한계를 넓혀갑니다. 틀린 문제를 정리하는 습관은 자녀가 실수로부터 배우고, 이를 통해 더욱 탄탄한 학습 기반을 쌓는 데 중요한 역할을 합니다.

학습 과정에서 실천할 수 있는 구체적인 방법

실천 방안	구체적인 방법	효과
자주 틀리는 문제 분석	-시험 후 틀린 문제를 정리하고, 반복적으로 틀리는 유형을 파악 -오답 노트를 작성하여 틀린 이유와 올바른 풀이 과정을 기록	-자녀의 약점을 명확히 파악하여 학습의 효율성을 높이고, 틀린 문제 유형에 대한 이해를 향상시킴
오답 노트 작성	-과목별, 문제 유형별로 오답 노트를 분류 -틀린 이유와 정답, 올바른 풀이 과정을 작성 -정기적으로 오답 노트를 복습	-실수를 반복하지 않도록 하여 장기적인 기억 정착을 돕고, 학습 내용에 대한 이해도를 높임
정기적인 복습	-매주 또는 매달 오답 노트를 검토하는 시간을 정함 -이전에 틀린 문제를 다시 풀어보며 풀이 과정을 재확인	-반복 학습을 통해 실수를 줄이고, 기억이 오래 지속되며, 시험 준비가 효율적으로 이루어짐
문제 해결 능력 향상	-틀린 문제를 다시 풀 때 다양한 접근 방식을 시도 -여러 풀이 방법을 연구하고 기록하여, 한 가지 방식에만 의존하지 않도록 함	-논리적 사고와 문제 해결 능력을 키우고, 다양한 문제에 대처할 수 있는 학습 유연성을 갖추게 됨

실천 방안	구체적인 방법	효과
자기 주도 학습 습관 형성	−스스로 학습 계획을 세우고, 정해진 일정에 따라 복습 및 오답 노트 검토를 실천 −약점을 보완하는 목표를 설정하고 달성과정을 기록	−자녀가 주도적으로 학습을 관리하게 되어 자율성과 책임감을 가짐 −학습 효율성을 높이고 성취감을 줌
학습 동기 강화	−문제를 해결할 때마다 자녀가 성취감을 느낄 수 있도록 목표를 설정하고 달성 과정을 기록 −목표 달성 후 부모와 함께 성취를 공유	−자녀의 성취감이 학습 동기로 이어져 학업에 대한 긍정적 태도를 유지하고, 더 높은 목표를 설정하게 됨
실수 분석 후 보완	−실수한 문제를 분석하여 원인을 찾고, 해당 개념을 보완 학습 −보완한 내용을 다시 문제로 풀어보아 완전히 이해했는지 확인	−실수를 반복하지 않도록 하여 학습 내용을 확실히 이해하고, 약점을 강점으로 바꿀 수 있음

　│　**부모와 함께 소통으로 성장하는 학습 전략**

어려운 문제는 쉬운 문제부터 해결하고 나중에 다시 도전해보자

작은 성공이 만드는 큰 요약

어려운 문제를 만났을 때 바로 도전하는 것보다 쉬운 문제부터 해결하고 나중에 다시 도전하는 태도는 학습의 효율성을 크게 높입니다.

이 방법은 자녀가 학습 과정에서 느낄 수 있는 부담과 스트레스를 줄여줄 뿐 아니라, 작은 성취를 통해 학습에 대한 자신감을 쌓도록 도와줍니다.

학습의 점진적 발전

쉬운 문제부터 시작하는 학습법은 자녀가 점진적으로 난이도를 높여 더 복잡한 과제에 도전할 수 있도록 돕습니다. 이를 통해 자녀는 단계별로 학습 내용을 습득하고, 응용할 수 있는 능력을 키우게 됩니다.

쉬운 개념을 먼저 이해하고 이를 바탕으로 난이도 있는 과제를 수행하는 점진적 학습이 필수적입니다. AI 기반 학습앱은 개인별 학습 수준을 분석해 적합한 문제를 추천하며, 이 점진적 학습 방식을 더욱 효과적으로 지원합니다.

이 과정에서 자녀는 더 복잡한 문제를 해결하는 데 필요한 기초를 탄탄히 다지며, 문제 해결에 필요한 논리적 사고력과 문제 해결 능력을 자연스럽게 향상시킵니다. 또한, 이러한 점진적 발전은 자녀가 학습에 대한 흥미를 잃지 않고 꾸준히 도전할 수 있도록 동기를 부여합니다.

부모는 자녀에게 학습에 대한 올바른 태도를 지속적으로 심어주어야 합니다. 학습에서 가장 중요한 것은 계획성과 꾸준함입니다. 쉬운 문제부터 해결하는 접근법은 자녀에게 학습 계획을 세우는 법을 가르치고, 학습을 주도적으로 이끌어나가는 능력을 키워줍니다. 이는 자녀가 스스로 목표를 설정하고, 그 목표를 향해 나아가면서 필요한 준비를 차근차근해나가는 과정을 통해 학업 잠재력을 최대한 발휘할 수 있도록 돕습니다.

학습의 점진적 발전

> 중학교 2학년인 영두는 수학에서 함수 단원을 배우기 시작했습니다. 새 단원의 난이도에 부담을 느끼자, 이를 해결하기 위해 영두

는 선생님의 조언에 따라 쉬운 문제부터 시작하기로 했습니다.

교과서에 있는 기분 예제 문제를 풀이하면서 함수의 개념과 간단한 그래프 그리는 방법을 익혔습니다.

기초 문제를 해결하며 성취감을 느낀 영두는 점차 난이도가 높은 문제로 넘어갔습니다. 이번에는 함수의 실생활 응용문제에 도전했습니다.

문제를 풀 때 어려움을 느낀 부분은 별도로 표시해 두었고, 학교 수업 중 선생님께 질문하거나 스터디 그룹 친구들과 토론하며 이해를 보완했습니다. 기본 함수 문제를 완벽히 이해한 후, 영두는 2차 함수의 복잡한 그래프 해석 문제에 도전했습니다. 문제의 난이도가 올라갈수록 실수가 늘었지만, 영두는 이를 좌절이 아닌 성장의 기회로 받아들였습니다.

쉬운 문제부터 시작해 점진적으로 난이도를 높이는 학습 과정을 통해, 영두는 수학에 대한 흥미를 되찾았습니다. 매일 조금씩 성취감을 느끼는 경험은 영두의 자신감을 키웠고, 더 어려운 문제에 도전하는 원동력이 되었습니다.

"쉬운 문제로 시작하고, 기초를 확실히 다진 다음에 더 어려운 문제에 도전한다"는 습관은 영두의 전반적인 학업 성취도를 향상시키는 데 큰 도움이 되었습니다.

자녀가 긍정적인 학습 경험을 반복할 수 있게 하는 것은 매우 중요합니다. 쉬운 문제부터 차근차근 해결하면서 자녀는 자신감과 성취감을 얻게 됩니다. 이러한 작은 성공들이 쌓여 큰 자신감으로 이어지고, 어려운 문제를 만났을 때에 좌절하지 않고 도전하는 자세를 기를 수 있게 됩니다.

문제 해결의 유연성

모든 문제를 한 번에 해결하려는 시도는 종종 스트레스를 유발하거나, 오히려 문제의 본질을 놓치게 만들 수 있습니다. 대신 단계적으로 접근하며 다양한 관점에서 문제를 분석하는 방식은 유연한 사고를 길러줍니다. 또한 문제를 해결하는 과정에서 새로운 방법들을 배양하도록 돕습니다.

이러한 접근법은 고교학점제와 AI 기반 학습앱의 시대에도 학습의 중요한 기반으로 작용합니다.

고교학점제의 심화 과목에서 학생들이 프로젝트 기반 학습을 수반할 때, 문제를 다양한 각도에서 분석하는 과정이 필수적입니다. 초기에는 간단한 자료 조사로 시작해, 점차 복잡한 데이터 분석이나 실험 설계로 확장하며, 문제의 본질을 명확히 파악하고 해결책을 도출할 수 있습니다.

고교학점제와 유연한 학습 설계

고교학점제에서는 학생들이 자신의 학습 과정을 설계할 기회가 주어지기 때문에, 유연한 문제 접근 방식이 더욱 중요한 역할을 합니다.

예를 들어, 학생이 심화 과정을 선택했다면, 기후 변화라는 하나의 주제를 여러 시각에서 접근할 수 있어야 합니다.

*기초 단계 : 기후 변화의 원인과 영향에 대한 기본 자료 조사

> *심화 단계 : 특정 지역의 데이터 분석과 문제 해결 방안 설계
> *응용 단계 : 팀 프로젝트로 해결 방안을 모의 실험하거나 정책 제안서 작성

부모는 자녀가 학습에서 이러한 다각적 접근을 시도할 수 있도록 격려해야 합니다. 예를 들어, 자녀가 수학 문제를 풀 때, 하나의 방법으로 풀어보는 것이 아니라, 다른 방법들을 함께 시도해 보게 함으로써 자녀가 문제를 더욱 깊이 이해하도록 유도할 수 있습니다. 이러한 과정을 통해 자녀는 문제 해결 능력을 더욱 향상시키게 됩니다.

학습 효율성

쉬운 문제부터 해결하는 학습 전략은 자녀의 학습 효율성을 크게 높일 수 있는 효과적인 방법입니다. 부모는 자녀에게 학습의 원리를 대화로 이해시키고, 이 과정에서 점진적으로 더 어려운 문제에 도전하도록 돕는 역할을 할 수 있습니다.

자녀가 쉬운 문제부터 시작하면 성취감을 경험하게 되고, 이를 통해 학습에 대한 자신감이 자연스럽게 쌓이게 합니다. 쉬운 문제 해결부터 시작해 점진적으로 어려운 문제를 해결하며 자신만의 학습 전략을 세운 경험은 세부 능력 및 특기 사항 기록에 긍정적으로

기록될 수 있습니다.

예를 들어, "지구 환경 문제 해결"이라는 주제로 탐구보고서를 작성했다고 하면 초기에는 간단히 국내의 환경문제 사례를 분석하며 자료를 수집할 수 있습니다. 점차적으로 더 어려운 문제인 국제환경 협약과 연관된 경제적, 정치적 요인을 탐구하며 학습을 심화할 수 있습니다. 이 과정에서 점진적으로 난이도를 높이는 학습 전략을 통해 결과적으로 더욱 깊이 있는 보고서를 완성할 수 있습니다.

이러한 과정에서 얻은 성취감은 학습에 대한 긍정적인 태도를 형성하는 데 매우 중요한 요소로 작용합니다. 자녀가 성취를 통해 느끼는 긍정적인 감정은 더 어려운 문제에 도전할 때 생길 수 있는 부담을 줄여주며, 그 결과 학습에 대한 불안감을 덜 느끼게 됩니다. 쉬운 문제를 해결하면서 얻는 성공 경험은 자녀가 학습을 더 즐겁게 받아들이고, 학습 과정을 보다 능동적으로 이끌어나가도록 돕습니다.

입시에 반영되는 학습의 깊이와 과정

고등학교 1학년인 지민이는 고교학점제에서 선택한 생명과학 과목의 심화 학습에서, 초기에는 쉬운 문제부터 해결하는 학습 전략을 채택했습니다. 예를 들어, 유전자 분리 실험의 기초 원리를 간단히 이해한 뒤, 점차 실험 설계와 분석 과정을 추가해 나갔습니다.
처음에는 간단한 멘델의 유전법칙을 기반으로 한 문제를 풀며 성취감을 얻었고, 이후에는 유전자 편집 기술인 CRISPR에 대한 심

화된 탐구 활동으로 발전시켰습니다. 지민이는 이 과정을 발표로
정리하여 학교의 탐구발표회에서 높은 평가를 받았으며, 이러한
경험은 세부 능력 및 특기 사항에도 긍정적으로 반영되었습니다.

  쉬운 문제를 먼저 해결하면서 얻는 성취감과 자신감은 자녀가
학습 과정에서 스스로 동기를 부여할 수 있는 중요한 요소로 작용
합니다. 자녀는 학습이 점차 쉬워지고 성취감을 자주 경험할수록,
더 많은 문제를 해결하고 싶은 욕구를 느끼게 됩니다. 또한 이러한
성취감은 자녀가 시간을 효율적으로 관리하고, 주어진 과제를 보
다 체계적으로 수행할 수 있는 능력을 길러줍니다.

학습 과정에서 실천할 수 있는 구체적인 방법

실천 방안	구체적인 방법	효과
쉬운 문제부터 해결하기	-자녀에게 학습할 때 쉬운 문제부터 풀고, 그 과정에서 점차 난이도를 높이는 학습 계획을 세우게 함	-성취감을 통해 자신감을 높이고, 학습에 대한 긍정적인 경험을 지속적으로 쌓게 됨 -자녀가 학습에 대한 흥미를 유지하며 도전의식을 기르게 됨
학습 계획 수립하기	-자녀가 하루, 일주일, 한 달 등 장·단기 목표를 설정하고 이를 달성하기 위한 구체적인 계획을 세우도록 지도	-시간 관리 능력과 목표 달성의 구체적인 단계를 배우며, 자기 주도적 학습 태도를 기르게 됨 -계획을 통해 자율성과 책임감을 형성

실천 방안	구체적인 방법	효과
반복적 피드백과 격려 제공	−자녀가 성취한 결과에 대한 긍정적인 피드백을 제공하고, 도전적인 문제를 마주할 때는 실패를 성장의 기회로 삼도록 격려	−실패에 대한 두려움을 줄이고, 실패를 배움의 기회로 인식하게 되어 도전 정신과 끈기를 기르게 됨
다양한 문제 해결 접근법 시도하기	−문제를 한 가지 방법으로만 해결하지 않도록 유도하고, 다양한 방법을 시도해 보도록 장려	−창의적 사고와 논리적 사고를 동시에 키우며, 다양한 문제 해결 방식을 통해 유연한 사고 능력을 기르게 됨
점진적으로 난이도 높은 문제에 도전하기	−쉬운 문제를 성공적으로 해결한 후, 단계적으로 난이도 높은 문제에 도전하는 학습 방법을 적용	−자녀가 부담감을 덜 느끼고 더 큰 도전에도 좌절하지 않으며 꾸준히 학습을 이어나갈 수 있음

읽기만 하지 말고
쓰면서 공부해보자

"읽기만 하지 말고 쓰면서 공부해보자"라는 말은 단순한 조언 이상의 큰 의미를 담고 있습니다. 쓰면서 공부하는 것은 기억력, 이해도, 집중력 등 다양한 학습 능력을 종합적으로 향상시키는 효과적인 방법입니다.

자녀에게 이러한 학습 방식을 실천하게 하면, 학습에 대한 긍정적인 태도를 유지하고, 지속적으로 동기 부여를 받아 학업 잠재력을 최대한 발휘할 수 있을 것입니다.

반복과 강화

일반적으로 공부할 때 읽으며 이해하는 방법이 많이 사용되지만, 동시에 쓰면서 공부하는 것은 더 활동적인 학습 방법이 될 수 있습니다. 쓰면서 공부하는 과정에서 눈과 뇌가 동시에 작용하여 학습에 더 많은 감각이 동원되므로 학습 효과가 크게 향상될 수 있습니다. 단순히 읽기만 할 때는 시각적 입력만 이루어지지만, 쓰기를 병행하면 촉각과 시각이 함께 작용하여 학습 내용이 뇌에 더 강하게 각인됩니다.

자녀가 선택한 수학 과목에서 통계 개념을 배울 때, 개념과 공식을 노트에 직접 써보면서 정리하고, 이를 활용해 스스로 문제를 작성하고 풀어보는 과정을 반복하는 것이 내용을 확실하게 이해하고 기억하는 데 큰 도움이 됩니다. 반복적으로 쓰면서 공식을 정리하고 응용하면 자녀는 해당 개념을 단순히 암기하는 것이 아니라, 자신만의 방식으로 이해하며 오래 기억할 수 있습니다.

이러한 활동적인 학습 방법을 자녀에게 각인시키는 것은 학습 능력 향상에 큰 도움이 됩니다. 쓰는 과정에서 자연스럽게 반복이 이루어지며, 이는 학습 내용을 강화하는 중요한 과정입니다. 같은 내용을 여러 번 쓰면 그 정보가 뇌에 더 강하게 기억되며, 장기 기억으로 전이되기 쉬워집니다.

쓰기를 통해 더 오래 기억하기

중학교 2학년인 민재는 역사 시험을 준비하면서 외워야 할 내용이 너무 많아 부담을 느끼고 있었습니다. 선생님이 강조한 중요한 사건들과 연도를 한두 번 읽어보았지만, 시간이 지나면 잘 기억이 나지 않아서 걱정이 되었습니다. 부모님은 민재가 효과적으로 공부할 수 있는 방법을 찾기 위해, 활동적인 학습 방법인 "쓰기 학습"

을 제안했습니다.

민재는 처음에는 귀찮다고 생각했지만, 시험이 얼마 남지 않았다는 생각에 쓰기 방법을 한번 시도해 보기로 했습니다. 그는 먼저 삼국시대의 주요 사건들을 다시 정리하면서, 연도와 사건 이름을 노트에 직접 쓰기 시작했습니다. 단순히 한 번 쓰고 끝내지 않고, 같은 사건을 여러 번 반복해서 적어나갔습니다. 예를 들어, "고구려 광개토대왕이 신라를 지원하여 왜군을 물리친 사건-400년"이라는 문장을 여러 번 쓰며 반복했습니다.

쓰기 학습을 하면서 민재는 자연스럽게 내용을 더 깊이 이해하게 되었고, 각 사건의 흐름을 머릿속에서 체계적으로 정리할 수 있었습니다. 처음엔 단순히 외우기 위한 반복이었지만, 여러 번 쓰는 과정을 통해 그는 사건들 사이의 연관성도 파악할 수 있었습니다. 또한 쓰는 과정에서 같은 내용을 반복하다 보니 읽을 때보다 훨씬 더 오래 기억에 남는다는 것을 느끼기 시작했습니다.

AI 기반 학습앱은 다양한 시각 자료와 연습 문제를 제공하므로, 이를 활용해 자녀가 쓰기 학습을 병행할 수 있습니다. 자녀가 AI 기반 학습앱에서 학습한 내용을 노트에 요약해서 정리하고, 주요 개념과 예시를 종이에 적어보는 활동을 추가해 보면 효과가 높습니다.

이 과정을 통해 시각적 학습과 촉각적 학습이 결합되어 학습 효과가 증대됩니다. AI 기반 학습앱은 자녀가 학습 내용을 다시 볼 수 있게 반복 자료를 제공하기 때문에 자녀는 디지털 교과서 내용을 필기 노트와 대조하면서 반복 학습을 이어갈 수 있습니다.

특히 중요한 개념을 여러 번 쓰면서 학습할 경우, 뇌는 해당 정보를 중요하게 인식하게 되어 이를 더욱 강하게 기억하게 됩니다. 이는 시험 준비나 장기적인 학습에서 매우 유용한 방법입니다.

쓰기 학습은 단기 기억을 넘어 장기 기억으로 정보를 전이시키는 데 중요한 역할을 합니다. 단순히 읽기만 하는 경우 정보는 단기 기억에 머물 가능성이 크지만, 쓰기를 병행하면 해당 정보가 장기 기억으로 전이되어 필요할 때 쉽게 떠올릴 수 있게 됩니다. 이러한 학습 방법은 자녀가 학습한 내용을 오래 기억하고, 시험이나 실생활에서 활용할 수 있는 능력을 크게 향상시킵니다.

문해력과 표현력 향상

문해력은 글을 쓰고 이해하는 능력을 의미합니다. 글을 쓰면서 공부하는 과정에서 자녀는 단순히 정보를 읽고 받아들이는 것을 넘어, 그 내용을 자신만의 언어로 변환하고 표현하는 훈련을 받게 됩니다.

자주 글을 쓰는 습관은 문해력과 글쓰기 능력을 향상시키는 데 큰 도움이 됩니다. 요즘 중고생들 사이에서 문해력 부족이 중요한 문제점으로 지적되고 있는 만큼, 글쓰기 습관은 이를 극복하는 데 효과적인 방법이 될 수 있습니다.

글을 쓰면서 공부하면 자신의 생각을 명확하게 표현하는 능력을 기르게 됩니다. 이는 학교 과제나 시험에서 더욱 중시되는 능력입니다. 논리적으로 구성된 글은 더 높은 평가를 받을 가능성이 높으며, 자녀가 글을 쓰는 과정에서 논리적으로 사고하고 표현하는 능력을 자연스럽게 발전시킬 수 있습니다. 이로 인해 문해력과 표현력이 동시에 향상되며, 이는 장기적으로 학업 성취에 큰 도움이 됩니다.

논리적 표현 능력의 향상

고등학교 2학년인 수민이는 대학 입시를 준비하면서 논술형 시험과 서술형 평가에 대한 부담을 느끼고 있었습니다. 특히, 문해력과 논리적인 글쓰기 능력이 부족하다고 생각해, 입시 논술 시험에서 좋은 점수를 받을 수 있을지 걱정이 되었습니다. 수민이의 부모님은 이런 걱정을 듣고, 문해력과 글쓰기 능력을 향상시키기 위한 실천적인 방법을 함께 찾아보기로 했습니다.

부모님은 수민에게 평소에 글쓰기를 자주 해보는 습관을 들이자고 권고했습니다. 입시 논술만 준비하는 것이 아니라, 다양한 과목에서 관심 있는 주제나 학과 관련된 내용을 글로 써보는 것이 좋다고 설명했습니다. 수민이는 처음에 이 방법이 과연 도움이 될지 의구심이 있었지만, 입시 성공을 위해 할 수 있는 건 다 해보자고 결심했습니다.

수민이는 사회문제에 관심이 많았기에, 환경 보호에 관한 기사를 읽고 자신의 생각을 정리해 글로 써보기로 했습니다. 처음에는 단순히 기사를 요약하는 데 그쳤지만, 점차 자신의 생각을 더 덧붙이며 논리적으로 주장하는 글을 쓰기 시작했습니다. 매일 짧은 글을 쓰다 보니, 수민이는 글을 쓰는 과정에서 정보를 분석하고 재구성하는 능력이 자연스럽게 향상되었고, 문해력도 차차 좋아졌습니다.

서술형 평가에서도 이전보다 훨씬 논리적이고 명료하게 답을 작성할 수 있었습니다. 선생님은 수민이의 글을 칭찬하며, "생각을 명확히 표현할 수 있는 능력이 훨씬 향상되었다"는 평가를 내렸습니다. 수민이는 논리적으로 생각을 표현하는데 더 자신감을 얻게 되었고, 서술형 시험에서 어려움을 느끼지 않고, 더 다양한 관점에서 답을 쓸 수 있게 되었습니다.

또한 글을 쓸 때 특정 과목의 내용뿐만 아니라, 일상생활이나 관심 있는 주제에 대해서도 글을 쓰도록 하면, 자녀의 글쓰기 능력이 더욱 향상됩니다. 이는 자녀가 다양한 관점에서 생각하고, 자신의 생각을 글로 표현하는 능력을 기르는데 크게 기여합니다.

서술형, 논술형, 창의적 글쓰기 등 다양한 형식의 글쓰기를 경험하게 함으로써, 입시와 자연스럽게 연결시킬 수 있습니다. 자녀는 각기 다른 요구에 맞춰 글을 쓰는 능력을 체득할 수 있습니다. 이해와 적용 능력을 평가하는 경향이 강해진 입시 환경에 맞추어 쓰기 학습을 활용하면, 자녀가 학습 내용을 더 깊이 이해하고 입시 준비에 효과적으로 대비할 수 있습니다.

예를 들어, 자녀가 한국사에서 주요 역사적 사건을 학습한다면, 각 사건의 의미와 배경을 간략히 정리해 볼 수 있습니다. 자녀가 자신의 말로 사건의 중요성이나 사회적 영향을 써보게 하면 역사적 맥락을 이해하고 암기하기 쉽게 됩니다.

이해도 증진

쓰면서 공부하는 과정에서 자녀는 정보를 구조화하고 체계적으로 정리하게 됩니다. 이는 복잡한 내용을 더 잘 이해하고, 큰 그림을 파악하는 데 도움이 됩니다. 예를 들어, 역사를 공부할 때 특정 사건들의 연관성을 글로 표현하면, 전체적인 역사적 맥락을 이해하는 데 유리합니다. 이러한 쓰기의 과정은 자녀에게 적극적인 학습 태도를 길러주며, 읽은 내용을 자신의 언어로 변화하고 요약하는 능동적인 사고를 유도합니다. 요점 노트를 작성하거나 마인드맵을 그리는 방법도 효과적입니다. 이는 단순히 암기하는 것에 그치지 않고, 내용을 깊이 이해하고 자신의 지식으로 소화할 수 있게 돕습니다.

자녀가 읽은 내용을 핵심적으로 요약하는 것이 유용합니다. 중요한 개념과 사실을 간단히 정리하면, 학습 내용을 더 잘 이해하고 기억할 수 있습니다. 복잡한 내용을 이해하기 위해 개념도를 그려보는 것도 좋습니다. 이는 시각적으로 정보를 정리하고 연결하는 데 도움이 됩니다.

또한 글을 쓰면서 자녀는 스스로 질문을 던지고, 그에 대한 답을 찾는 과정을 거치며, 주제에 대해 더 깊이 생각하게 됩니다. 이로 인해 자기 주도 학습이 가능해지고, 자녀는 학습 내용을 스스로 탐구하며 더 나은 이해를 이루게 됩니다.

집중력 향상

쓰는 행위는 읽기보다 더 많은 집중력을 요구합니다. 쓰기 위해서는 정보를 정확히 이해하고 자신의 언어로 표현해야 하기 때문에, 자연스럽게 더 깊은 정보 처리가 필요합니다. 이는 학습의 질을 높이는데 크게 기여합니다.

특히 손으로 쓰는 과정은 디지털 기기에서 공부할 때 때보다 산만함을 줄여줍니다. 손으로 직접 쓰면서 공부하면 디지털 기기의 방해 요소들을 피할 수 있어 더 집중된 학습이 가능합니다. 이는 자녀가 학습에 몰입할 수 있는 환경을 조성하고, 학습 효율을 높이는 데 도움을 줍니다.

학습의 질 향상

초등학교 5학년인 지호는 수업 시간에 선생님의 설명을 듣고 교과서를 읽는 것까진 잘했지만, 막상 시험 준비를 할 때는 내용을 잘

부모와 함께 소통으로 성장하는 학습 전략

기억하지 못해 어려움을 겪고 있었습니다. 지호의 부모님은 이를 보고 지호가 더 집중해서 공부할 수 있는 방법을 찾다가 "쓰기 학습법"을 시도해 보면 좋겠다는 생각이 들었습니다.

어느 날, 부모님은 지호에게 중요한 부분을 손으로 직접 써보면서 공부하는 방법을 제안했습니다. 지호는 처음에 귀찮아했지만, 부모님이 "네가 스스로 중요한 내용을 골라 써보면 더 잘 기억할 수 있을 거야. 한번 해보자!"라고 격려하자 따라 해보기로 했습니다.

지호는 과학 수업에서 배운 "태양계"에 대해 공부하기로 했습니다. 먼저 교과서를 읽고, 태양계에 있는 행성들의 이름과 특징을 정리하기 시작했습니다. 하지만 이번엔 다르게, 교과서 내용을 단순히 읽고 넘어가는 것이 아니라, 각 행성의 특징을 손으로 한 번씩 써보며 자신의 말로 정리했습니다. 예를 들어, 지호는 "수성은 태양에서 가장 가깝고, 낮과 밤의 온도 차가 커요"라고 적었습니다.

이 과정에서 지호는 그저 눈으로 읽고 지나가는 것이 아니라, 내용을 자신의 언어로 변환하여 써보며 더 깊이 생각해야 했습니다. 손으로 직접 쓰면서 공부하자 지호는 교과서를 읽을 때보다 훨씬 더 집중할 수 있었습니다.

글을 쓰면서 공부할 때 더 많은 주의와 노력을 기울이게 되며, 이는 자녀가 학습 내용을 더 깊이 이해하고 체계적으로 정리할 수 있도록 합니다. 또한, 정보를 자신의 언어로 변환하고 표현하는 과정에서 자녀는 능동적으로 사고하게 되어, 학습 내용을 더 오래 기억하는 데에도 도움이 됩니다.

학습 과정에서 실천할 수 있는 구체적인 방법

실천 방안	구체적인 방법	효과
읽고 쓰기 병행 학습	-읽은 내용을 자신의 언어로 요약해 쓰기 -주요 개념을 여러 번 필사하면서 복사하기	-단기 기억에서 장기 기억으로 정보 전이 -개념 이해도 증진
요점 노트 작성	-주요 개념을 간단하게 정리하여 요약 -필요한 내용을 한눈에 볼 수 있도록 도식화	-복잡한 정보를 체계적으로 정리 -핵심 내용 빠르게 복습 가능
자기 주도 학습 질문 활용	-학습 중 궁금한 점이나 추가적으로 알고 싶은 부분을 질문으로 작성 -스스로 질문을 해결하려고 노력하며 학습 내용 확장	-깊이 있는 학습과 능동적 사고 유도 -주도적인 학습 습관 형성
글쓰기 연습	-특정 과목 주제뿐만 아니라, 일상생활이나 관심 있는 주제로 논리적 글쓰기 연습 -서술형, 논술형 글쓰기 훈련을 통해 표현력 강화	-문해력과 글쓰기 능력 향상 -논리적 사고 및 문제 해결 능력 강화
반복 학습	-중요 개념과 학습 내용을 반복해 여러 번 쓰면서 복습 -각 개념을 자신만의 언어로 변환해 요약한 내용을 다시 쓰고 정리	-학습 내용을 강하게 기억하도록 도와줌 -장기 기억에 정보 저장
핵심 개념 필사 및 정리	-각 개념을 요약하고 핵심 키워드 중심으로 필사 -학습한 내용 중 중요한 부분을 우선적으로 복습하며, 새로운 시각으로 재해석	-학습의 깊이와 집중력 향상 -장기적 학습 내용 보유 능력 증진

실천 방안	구체적인 방법	효과
디지털 기기 사용 최소화	−학습 시간에는 가능한 디지털 기기 사용을 자제하고, 손으로 쓰는 학습 방식 채택 −학습용 기기에서 발생하는 방해 요소 차단	−집중력 향상 −깊이 있는 학습과 몰입 환경 조성
학습 계획표 작성	−하루 학습 목표와 시간을 미리 계획하고 학습 계획표에 기록 −주간 및 월간 학습 목표 설정, 진도 관리	−학습 관리 능력 향상 −일정에 따른 효율적인 학습 진행
자신의 진도 점검 및 피드백 받기	−학습 후 자신이 진도를 점검하고 기록 −부모나 교사로부터 피드백을 받아 학습 방식을 보완	−자기 성찰과 개선을 통해 학습 방법 최적화 −지속적인 동기 부여와 목표 성취 가능

여러 번 읽기보다는
중요한 내용을 요약해보자

중요한 내용을 요약하는 '요약학습법'은 학습 내용을 더 잘 이해하고 기억하며, 효율적으로 학습하는 데 매우 효과적인 방법입니다. 이 방법을 통해 자녀는 능동적으로 학습에 참여하게 되고, 학습 내용을 체계적으로 정리할 수 있는 능력을 키우게 됩니다.

부모는 자녀에게 이 방법의 중요성을 설명하고, 대화를 통해 자녀가 요약 학습을 통해 학습 내용을 깊이 이해하고 체계적으로 정리하는 습관을 기를 수 있도록 도와주어야 합니다. 이러한 요약 학습 습관은 자녀의 학업 잠재력을 극대화하고, 장기적으로 긍정적인 학습 태도와 성취감을 유지하는 데 큰 도움이 됩니다.

이해력 향상

요약은 학습한 내용을 자신의 언어로 바꾸어 표현하는 과정입니다. 이 과정에서 자녀는 정보의 핵심을 파악하고, 불필요한 세부 사항을 걸러내는 훈련을 하게 됩니다. 이를 통해 자녀는 더 깊이 이해하게 되고, 중요한 정보를 중심으로 내용을 구조화하는 능력을 기르게 됩니다.

요약 학습

> *정보의 구조화 : 핵심 내용과 부차적 내용을 구분하며 논리적이고 체계적으로 정보를 정리합니다.
> *깊은 이해 : 단순히 내용을 외우는 것이 아니라 본인의 언어로 재구성하며 배운 내용을 소화하게 됩니다.
> *응용 능력 강화 : 수학 문제 풀이처럼 개념을 이해하고 실전에 적용하는 힘이 길러집니다. 역사와 과학에서는 사건과 개념을 정리하며 흐름을 파악할 수 있습니다.

핵심 내용을 요약하는 '요약학습법'은 요약을 통해 자녀는 단순히 외우는 것을 넘어, 배운 내용을 자신의 방식으로 소화하고, 필요할 때 유용하게 활용할 수 있는 능력을 최상으로 기르게 됩니다. 예를 들어, 자녀가 수학 문제를 풀 때 개념을 명확히 이해하고 실전에 적용할 수 있는 능력이 길러지며, 역사나 과학 같은 과목에서는 사건이나 개념들을 간단하고 명료하게 정리할 수 있게 됩니다. 그리고 본인의 언어로 재구성하게 됩니다.

요약을 통한 복습과 깊은 이해

고등학교 2학년인 희수는 학교 수업에서 배운 내용이 많고 복잡해서 시험 준비 때마다 시간이 부족하다는 것을 느꼈습니다. 특히, 여러 과목에서 많은 양의 내용을 암기하려다 보니 혼란스럽기도 했고, 중간고사와 기말고사 때마다 효율적으로 공부하는 방법을 고민하곤 했습니다.

희수는 부모님의 조언으로 '요약학습법'을 시도해 보기로 결심했습니다. 역사나 사회 과목에서 각 시대별 주요 사건을 연대순으로 외우는 대신, 해당 사건들의 핵심 원인과 결과를 요약한 뒤, 이를 자신의 말로 간단하게 정리하는 방식을 택했습니다. 예를 들어, 조선 후기의 개혁 정책을 배울 때, 그 배경과 영향에 대해 요약해보면서 학습 내용을 체계적으로 정리했고, 시험 때 중요한 내용을 빠르게 복습할 수 있었습니다.

이 과정에서 희수는 요약을 통해 핵심 정보를 파악하고 불필요한 세부 사항을 걸러내는 능력을 키워나갔습니다. 이렇게 요약한 자료를 시험 전에 다시 읽으면서 전체적인 흐름을 이해할 수 있었고, 암기보다는 이해를 바탕으로 한 학습이 되어 성적 향상에 큰 도움이 되었습니다.

부모는 자녀에게 '요약학습법'을 습관화시키는 과정에서 적극적인 역할을 해야 합니다. 부모는 자녀와 함께 요약 학습의 중요성을 이야기하며, 자녀가 학습 내용을 요약하고 정리하는 과정에서 발생하는 어려움을 극복하도록 도와주어야 합니다. 자녀가 요약한 내용을 부모나 친구와 공유하도록 격려하는 것도 효과적입니다.

요약 학습은 AI 학습앱과 결합해 더욱 효율적으로 진행될 수 있습니다. AI 학습앱은 학생이 학습한 내용을 자동으로 정리하고 시각화된 요약본을 제공해 줍니다. 자녀가 작성한 요약과 AI앱이 생성한 요약을 비교해 학습 내용을 체계적으로 정리하고 이해도를 높일 수 있습니다.

이 과정에서 자녀는 자신이 배운 내용을 다시 한번 정리하고, 더 나아가 다른 사람과 소통하는 능력도 기르게 됩니다. 또한 부모가 자녀의 요약물을 검토하며 피드백을 제공하면, 자녀는 자신의 학습 방법을 지속적으로 개선할 수 있는 기회를 갖게 됩니다.

기억력 강화

단순히 여러 번 읽는 것보다는 요약하는 과정에서 학습 내용을 반복적으로 검토하고 작성함으로써, 자녀는 정보를 단기 기억에서 장기 기억으로 전이시키는 능력을 키울 수 있습니다. 요약본을 작성하는 동안 자녀는 학습 내용을 여러 번 되새기고 재구성하게 되는데, 이 과정이 기억을 강화하는 데 큰 역할을 합니다.

반복적인 요약은 단순한 정보 암기를 넘어서, 자녀가 학습 내용을 완전히 이해하고 기억하도록 돕습니다. 요약하는 과정에서 자녀는 단순히 배운 내용을 적어내는 것이 아니라, 핵심 개념을 재구성하고 자신의 언어로 표현하게 됩니다.

학습 내용의 깊은 이해

중학교 3학년인 지연은 시험 준비를 하면서 기억력이 약하다고 느끼기 시작했습니다. 시험 때마다 열심히 공부했지만, 막상 문제를 풀 때 배운 내용이 떠오르지 않아 답답한 순간이 많았습니다. 이에 지연의 부모님은 기억력을 강화할 수 있는 학습법을 함께 고민했고, '요약학습법'을 시도해 보기로 했습니다.

지연은 교과서를 여러 번 읽는 방식은 단기적으로 효과가 있어도 시간이 흐르면 다시 잊어버리는 경우가 많다는 것을 깨달았습니다. 그래서 지원은 교과서 내용을 자신의 말로 요약하며 공부하는 방법을 시도했습니다. 처음에는 요약하는 것이 익숙하지 않았지만, 부모님이 반복적인 요약의 중요성을 강조하며 도와주었습니다.

사회 과목에서 '산업혁명'을 공부할 때 '산업혁명은 18세기 후반 영국에서 시작되었으며, 기계화가 농업과 공업에 큰 영향을 미쳤고, 노동자의 삶에도 변화를 가져왔다'라는 식으로 요약을 더 구체화하면서 개념을 더 풍부하게 정리했습니다.

이렇게 요약본을 작성하면서 학습 내용을 반복적으로 재구성하는 과정을 통해 기억을 강화할 수 있었습니다. 이 과정에서 지연은 단순히 외우는 것이 아닌, 배운 개념들이 어떻게 연결되는지 파악할 수 있었습니다. 그 결과, 시험 준비 중에도 큰 스트레스 없이 요약한 내용을 복습할 수 있었고, 시험 당일에도 자신 있게 답을 써 내려갔습니다.

이를 통해 자녀는 단기 기억에 저장된 정보를 장기 기억으로 전환하는 과정을 자연스럽게 경험하게 됩니다. 특히, 반복적으로 요약본을 수정하고 보완하는 과정은 학습 내용을 더욱 견고하게 만들고, 시험이나 실생활에서 이를 응용할 수 있도록 돕습니다.

요약 학습은 깊이 있는 사고력과 응용 능력을 매우 높게 평가합니다. 그렇기에 논술 준비에서도 매우 중요한 역할을 합니다. 또한 수능 국어 비문학 지문에서 복잡한 내용을 요약하며 핵심을 파악하면, 논리적 이해력과 문제 해결 능력이 자연스럽게 향상됩니다.

능동적 학습

능동적 학습은 자녀가 학습에 더욱 적극적으로 참여할 수 있게 하는 중요한 방법입니다. 단순히 여러 번 읽는 것은 수동적인 학습 방법에 머무르지만, 중요한 내용을 요약하는 과정은 자녀가 학습 내용을 능동적으로 이해하고 소화하도록 돕습니다.

능동적 학습의 출발점인 요약은 고교학점제가 시행되는 현재 교육 과정과 밀접하게 연결됩니다. 진로와 적성에 따라 다양한 과목을 학습하는 과정에서 요약 학습은 자녀가 핵심 개념을 빠르게 파악하고, 이를 자신의 학습 목표에 맞게 재구성하는 데 큰 도움이 됩니다.

자녀가 특정 과목을 선택해 학습할 때, 기본 개념과 사례를 요약하고 자신의 언어로 정리하는 과정은 이해를 심화시킬 뿐 아니라, 토론이나 발표 활동을 준비하는 데도 효과적입니다.

부모는 자녀가 능동적인 학습을 할 수 있도록 '요약학습법'을 적극적으로 도입하고 지도해야 합니다. 자녀가 요약을 통해 학습할 때, 먼저 주요 개념과 핵심 포인트를 파악하도록 돕는 것이 중요합니다. 교과서나 노트에서 중요한 부분을 밑줄 긋거나, 하이라이트하는 방법은 이러한 학습 과정을 지원하는 효과적인 방법입니다. 자녀가 중요한 부분을 시각적으로 구분해 놓으면 이를 바탕으로 요약하는 것이 훨씬 수월해지고, 학습의 흐름도 자연스럽게 파악할 수 있습니다.

능동적 학습을 습관화하는 것은 자녀의 학업 성취를 장기적으로 높이는 데 필수적입니다. 요약 학습은 자녀가 스스로 학습 목표를 설정하고, 그 목표를 이루기 위한 방법을 주도적으로 찾아갈 수 있습니다.

학습 환경은 더욱 개인화되고 맞춤형으로 변화하고 있습니다. AI 기반 앱은 학생이 요약을 통해 학습 내용을 얼마나 이해했는지 분석하고, 부족한 부분을 즉시 피드백합니다. 그렇기에 단순한 암기를 넘어 학습 내용을 능동적으로 소화하며 학습 효율을 극대화할 수 있습니다.

학습 과정에서 실천할 수 있는 구체적인 방법

실천 방안	구체적인 방법	효과
주요 개념 파악	-교과서나 노트에서 핵심 개념을 밑줄 긋거나 하이라이트함 -각 장의 제목과 소제목을 중심으로 큰 틀을 먼저 파악	-학습 내용을 한눈에 파악할 수 있으며, 중요한 정보와 그렇지 않은 정보를 쉽게 구분 가능 -내용의 큰 흐름을 이해
요약본 작성	-학습한 내용을 자신의 언어로 간단하게 정리 -각 단원의 핵심 개념을 한 문장으로 요약	-정보의 핵심을 파악하는 능력 향상 -복잡한 내용을 간단하게 요약하며 이해력 강화
반복 검토	-작성한 요약본을 일정 시간 후 다시 읽고 수정 -필요에 따라 새로운 정보나 수정사항 추가	-장기 기억으로 전이되어 학습 내용의 기억력 강화 -내용의 반복 복습을 통해 시험 준비 효과 극대화
비교 학습	-친구나 부모와 요약한 내용을 공유하고 서로 비교 -다른 사람이 요약한 내용을 참고하며 보완	-자신의 요약 방법에 대한 피드백을 받고, 내용을 보완하며 더 나은 요약법 학습 -타인의 시각에서 학습 내용 파악
시각적 자료 활용	-마인드맵, 도표 등 시각적 자료를 활용해 요약한 내용을 시각적으로 정리	-복잡한 내용을 체계적으로 정리하고 시각적으로 한눈에 이해 -기억과 회상 능력 강화
시험 대비 요약본 제작	-시험 전에 각 과목의 중요 개념을 중심으로 요약본 작성 -시험 전날 간단한 요약본을 빠르게 복습	-핵심 내용만 집중적으로 복습하며 시험에 대한 자신감 향상 -빠르고 효과적인 시험 대비

실천 방안	구체적인 방법	효과
자기 평가	–요약본을 보고 배운 내용을 스스로 설명해보기 –요약한 내용이 시험 문제에 어떻게 적용될지 스스로 생각하기	–학습 내용을 완벽하게 이해했는지 확인 가능 –실제 상황에서 학습 내용 응용 능력 향상
목표 설정 및 계획 수립	–요약 학습의 목표와 일정을 미리 설정하고 구체적인 계획 수립 –목표 달성을 위한 주기적인 요약 학습 실천	–자기 주도 학습 능력 향상 –효율적인 학습 습관 형성으로 장기적인 성취감 유지

부모와 함께 소통으로 성장하는 학습 전략

어려운 부분은
여러 번 반복해서 공부해보자

반복의 힘, 이해와 암기를 동시에

자녀에게 어려운 부분을 여러 번 반복해서 공부하는 것이 매우 효과적이라는 사실을 이해시키는 것은 학습에 있어 큰 힘이 됩니다. 반복 학습은 기억을 강화하고, 자신감을 높이며 점진적으로 학습 향상을 도모하는 중요한 방법입니다.

학부모로서 자녀와 대화를 나누며 이 학습 방법이 왜 중요한지, 그리고 어떤 방식으로 성취할 수 있는지를 설명하면, 자녀는 학습에 대한 긍정적인 태도를 갖게 되고 학습 잠재력이 폭발적으로 발휘될 것입니다. 이를 통해 자녀는 어려운 학습 내용을 극복하고, 더 높은 학업 성취를 이룰 수 있을 것입니다.

반복 학습의 중요성

반복 학습은 단순히 같은 내용을 여러 번 학습하는 것이 아니라,

학습 내용을 더 깊이 이해하고 오래 기억할 수 있도록 도와주는 중요한 과정입니다. 처음에는 어려운 개념도 반복적으로 학습하면 점차 더 쉽게 이해되고, 자연스럽게 몸에 익히게 됩니다.

다음과 같이 자녀와 대화를 시작해 보는 것이 도움이 됩니다.

"어려운 수학 문제나 영어 단어를 한 번에 다 이해하려고 하지 말고, 여러 번 반복해서 공부해보자. 처음에는 어려울 수 있지만, 계속 풀다보면 익숙해지고 나중에는 쉽게 풀 수 있을 거야. 네 뇌는 반복을 통해 중요한 정보를 기억하게 돼서, 공부한 내용이 오래 기억에 남는 거야."

반복은 학습의 기본 원리 중 하나로, 처음에는 이해되지 않는 내용도 반복적으로 학습하면 점점 더 익숙해지고, 나중에는 자연스럽게 이해할 수 있게 됩니다. 반복적으로 암기하게 되면 기억이 강화됩니다. 고교학점제에서 고급 수학 과목을 선택했다면 매일 문제를 반복 풀이하면서 틀린 문제를 정리하고, 주기적으로 복습하는 반복 학습은 자기 주도 학습의 기초를 강화합니다.

어려운 부분을 여러 번 반복해서 학습하면 뇌가 해당 정보를 중요하다고 인식하여 더 오래 기억하게 됩니다. 자신이 반복적인 노력을 통해 결과를 개선할 수 있음을 경험하면, 학습에 대한 동기와 자신감이 크게 향상됩니다.

뇌는 처음 접하는 정보를 단기 기억에 저장합니다. 하지만 단기 기억은 쉽게 사라지기 때문에 같은 정보를 반복적으로 접해야 그 정보가 장기 기억으로 전환됩니다. 단기 기억은 제한된 용량을 가지고 있으며, 오래 유지되지 않습니다. 그러나 이 정보를 반복적으로 접하면 뇌는 이 정보가 중요하다고 인식하게 됩니다. 반복적인 자극을 통해 뉴런 간의 연결이 강화되면서, 정보는 단기 기억에서 장기 기억으로 전환됩니다.

반복 학습은 단순히 지식을 쌓는 것뿐만 아니라 자신감을 키우는 데도 도움이 됩니다. 자녀가 어려운 부분을 반복해서 학습하면서 그 과정을 통해 성공적인 경험을 쌓으면, 점점 더 자신감을 얻게 됩니다. 이는 자녀가 새로운 도전 과제를 만났을 때 긍정적인 태도를 유지하고, 어려움을 극복하는 데 큰 힘이 됩니다.

반복 학습은 학업뿐만 아니라 신체 활동에서도 중요한 역할을 합니다. 피아노 연주를 할 때나 운동을 할 때, 반복적인 연습을 통해 근육이 그 동작을 기억하게 됩니다. 이렇게 몸이 기억한 동작은 나중에 의식적인 노력 없이도 자연스럽게 할 수 있게 됩니다. 이는 신경과 근육이 반복적인 동작을 통해 특정 패턴을 기억하고, 이후에는 의식적인 노력 없이도 해당 동작을 수행할 수 있게 되는 것을 의미합니다.

반복적으로 연습하면 특정 기술이나 정보를 점점 더 쉽게 수행할 수 있게 됩니다. 많은 학생이 반복 학습을 통해 성적을 크게 향상시켰습니다. 어려운 문제를 여러 번 풀고, 개념을 다시 읽고, 노트를 정리하면서 성적이 눈에 띄게 올라간 사례가 많습니다.

AI 기반 학습앱에서는 학생의 학습 데이터를 분석해 반복 학습이 필요한 부분을 자동으로 진단하고 추천합니다. 학생이 수학 문제를 반복 풀이한 데이터가 그래프로 기록되고, 이를 통해 심화 학습으로 연결하면 이러한 학습 성과는 입시에서 긍정적인 평가를 받을 수 있습니다.

모의고사에서 틀린 문제를 반복 풀이하면 유형을 익히는 동시에, 자신의 오류 패턴을 파악하고 전략을 세우는 과정은 수능과 수시 전형 모두에 큰 도움이 됩니다.

인지 심리학적 근거

자녀에게 공부할 때 반복 학습의 중요성을 이해시키는 것은 매우 중요합니다. 인지 심리학 연구에 따르면, 학습 내용을 한 번에 집중적으로 공부하는 것보다 여러 번 나누어 반복하는 것이 훨씬 더 효과적입니다. 이는 '분산 학습 효과'라고 불리며, 이 방법을 통해 뇌는 학습 내용을 더 깊이 이해하고, 오래 기억할 수 있습니다.

여러 번 반복하면 뇌는 그 정보를 더 중요하다고 인식하고, 더 오래 기억하게 됩니다. 예를 들어 하루에 한 시간씩 공부하면 한 번에 몇 시간 공부하는 것보다 훨씬 더 오래 기억할 수 있습니다. 이 과정에서 AI 기반 학습앱을 활용하면 학습 내용을 자동적으로 나누고, 필요한 복습 시점을 알려주는 개인화된 학습을 할 수 있습니다.

또한 학습 세션 사이에 휴식 시간을 가지면, 뇌가 학습한 내용을 정리하고, 이를 장기 기억으로 저장하는 데 도움이 됩니다. 이 과정에서 새로운 연결이 형성되고 기존의 연결이 강화됩니다.

고교학점제에서 세계사를 선택한 경우 중요한 사건과 개념을 처음에는 단순히 외우지만, 이를 반복적으로 읽고 요약하면 정리하면, 사건 간의 연결성을 이해하고 논리적 사고를 키울 수 있습니다.

한꺼번에 몰아치기보다 꾸준히 공부하기

경희는 중학교 2학년이고, 최근 수학 시험에서 어려움을 겪고 있었습니다. 특히 방정식 단원에서 어려운 문제들을 이해하지 못해 좌절감을 느끼곤 했습니다. 매번 시험 전날 집중적으로 몇 시간씩 공부했지만, 결과는 만족스럽지 않았습니다.

경희의 부모님은 인지 심리학에서 말하는 '분산 학습 효과'를 경희에게 설명해 주었습니다. "경희야, 공부할 때 한 번에 몇 시간씩 몰아서 하면 오히려 기억에 오래 남지 않는 경우가 많아. 인지 심리학에서는 여러 번에 나누어 반복해서 공부하는 것이 더 효과적이라고 해. 한 번에 이해가 될 수도 있지만, 조금씩 나누어 반복하면 더 쉽게 이해할 수 있어."

경희는 부모님의 조언을 듣고, 새로운 방식으로 공부해 보기로 결심했습니다. 이번에는 매일 30분씩 수학 문제를 풀고, 하루 지나면 그날 배운 내용을 다시 복습하는 방식으로 학습 계획을 짰습니다. 또한, 하루의 학습 세션 사이에는 쉬는 시간을 가져 뇌가 학습 내용을 정리하도록 했습니다.

처음에는 조금 힘들었지만, 점차 경희는 매일 학습하는 과정에서 점점 더 문제를 이해하고 있다는 사실을 깨달았습니다. 며칠 후, 이전에는 이해하지 못했던 방정식 문제를 쉽게 풀 수 있게 되었고, 개념이 머릿속에 더 오래 남아 있음을 느낄 수 있었습니다.

에빙하우스의 망각 곡선에 따르면 사람은 새로운 정보를 빠르게 잊어버립니다. 학습 후 처음 몇 시간에서 며칠 동안 기억한 정보의 상당 부분이 빠르게 잊혀집니다. 초기 망각이 지난 후에는 망각 속도가 점차 느려지지만, 시간이 지남에 따라 계속해서 잊혀집니다.

그러나 반복 학습을 통해 정보를 여러 번 다양한 방식으로 접하면 더 깊은 이해를 돕고 잊히는 간격을 줄일 수 있습니다. 따라서 어려운 부분을 여러 번 반복해서 학습하면 잊어버릴 확률이 줄어들고, 더 오래 기억할 수 있습니다.

학습의 점진적인 향상

처음에는 어렵게 느껴지는 부분도 반복 학습을 통해 조금씩 이해할 수 있습니다. 한 번에 모든 것을 이해하려는 부담을 줄이고, 꾸준히 개선해 나가는 과정을 통해 학습 성취도를 높일 수 있습니다.

예를 들어, 노트를 반복해서 읽고 요약하며 정리하는 것은 정보를 장기 기억으로 전환하는 데 큰 도움을 줍니다. 또한 중요한 내용을 여러 번 써보는 것은 뇌에 지속적으로 자극을 주어 기억을 강화하는 데 매우 효과적입니다.

영어 단어를 학습하는 경우에 한 번에 100개의 단어를 암기하려 한다면, 대부분의 단어는 며칠 내로 잊힐 것입니다. 그러나 하루에 10개의 단어씩 외우고, 매일 복습하면서 새로운 단어를 추가하면, 각 단어에 대해 반복적인 자극을 주어 잊히는 속도를 줄일 수 있습니다.

자녀가 반복 학습을 할 때, 다양한 방법을 활용하도록 조언하는 것이 중요합니다. 예를 들어, 수학이나 과학 같은 과목에서는 문제를 반복해서 푸는 것이 매우 효과적입니다. 자주 틀리는 문제를 여러 번 풀어보면 점차 그 문제에 익숙해지고, 숙달도가 높아지면서 성적도 자연스럽게 향상됩니다.

반복 학습은 암기뿐만 아니라, 발표와 토론 준비에서도 강력한 학습 도구로 작용합니다. 자녀가 사회 이슈에 대한 토론 준비를 하며 AI 기반 학습앱에서 다양한 관점을 연구하고 발표를 반복 연습하면, 더 논리적인 주장과 설득력을 갖추게 됩니다. 생기부의 세부 능력 및 특기 사항에서 높게 평가되도록 기록되는 것은 물론입니다.

반복 학습의 학습 효과

초등학교 5학년인 우진이는 영어 단어 외우기가 늘 어려웠습니다. 매번 영어 시험을 볼 때마다 단어를 외우지 못해 점수가 낮게 나왔고, 그럴 때마다 자신감을 잃었습니다. 선생님은 민수에게 "한 번에 너무 많은 단어를 외우려고 하지 말고, 조금씩 꾸준히 반복하는 게 중요해"라고 조언했습니다.

우진이는 처음에는 그 말을 이해하기 어려웠지만, 선생님과 함께 플래시 카드를 사용해 매일 10개의 단어를 외우기 시작했습니다. 우진이는 저녁마다 플래시 카드를 꺼내어 그날 외운 단어들을 반복해서 보았고, 다음 날에는 어제 외운 단어를 복습한 뒤 새로운 10개의 단어를 추가했습니다. 처음에는 10개도 벅차게 느껴졌지만, 시간이 지나자 조금씩 익숙해지기 시작했습니다.

한 달이 지난 후, 우진이는 총 200개의 단어를 외웠습니다. 예전 같으면 금방 잊어버렸을 단어들이 이번에는 잘 기억나서 시험 준비가 한결 수월했습니다. 시험 전날, 우진이는 플래시 카드를 다시 꺼내 복습했고, 자연스럽게 단어들이 머릿속에 떠올랐습니다.

단어나 개념을 반복적으로 확인하는 데에는 플래시 카드와 같은 도구를 사용하는 것이 매우 유용합니다. 플래시 카드를 활용하면 기억해야 할 정보를 시각적으로 자주 접하게 되면서 학습 효과를 극대화할 수 있습니다. 플래시 카드를 통해 반복 학습하다 보면, 점점 더 많은 내용을 쉽게 기억하게 되고, 이는 자녀의 학습 자신감을 크게 향상시킵니다.

반복 학습이 얼마나 큰 효과를 가져오는지 자녀가 직접 체감할 수 있도록, 주변의 성공 사례를 공유하는 것도 중요합니다. 수능 국어에서도 논리적 독해와 추론 능력을 요구하며, 학생들이 처음에는 어려워했던 비문학 지문도 반복 학습을 통해 높은 성취를 보이는 사례도 많습니다. 수시전형에서 학생의 성장 과정과 더불어 꾸준함이 매우 중요하게 평가되기에 반복적인 학습을 통해 점진적으로 발전한 사례는 강력한 어필 포인트가 됩니다.

학습 과정에서 실천할 수 있는 구체적인 방법

실천 방안	구체적인 방법	효과
주기적인 복습 일정 수립	-학습한 내용을 일정한 간격으로 반복 복습 -주간 또는 월간 계획에 복습 시간을 포함하여 정기적으로 복습	-기억이 지속적으로 강화되어 학습 내용을 장기 기억에 저장할 수 있음
어려운 부분 집중 학습	-이해가 어려운 부분은 더 자주, 더 긴 시간 동안 반복 학습 -복습 때마다 어려운 부분에 더 많은 시간을 투자	-어려운 개념이 익숙해져 자연스럽게 이해할 수 있게 되며, 자신감을 키울 수 있음
다양한 학습 도구 활용	-노트 필기, 플래시 카드, 온라인 퀴즈 등 다양한 방법으로 반복 학습 -시각, 청각, 촉각을 모두 활용하는 학습법을 적용	-다양한 감각을 활용하여 학습 내용을 더 깊이 이해하고 기억에 더 오래 남게 할 수 있음

실천 방안	구체적인 방법	효과
자기 평가와 피드백	−반복 학습 후 스스로 퀴즈를 풀어 학습 성과를 평가 −틀린 문제를 오답 노트에 기록하고, 반복하여 학습	−스스로 이해도를 평가하고, 부족한 부분을 보완하여 학습 효율성을 높일 수 있음
수업 후 바로 복습	−수업이 끝난 직후 학습한 내용을 복습하여 처음 학습한 내용을 강화 −학습 후 바로 복습하는 습관이 중요	−학습 내용을 빠르게 반복하여 기억의 정착을 도와주며, 수업 내용을 더 오래 기억할 수 있음
점진적인 난이도 상승 적용	−반복 학습을 하면서 점차 난이도를 높여 학습 −기본 개념을 충분히 이해한 후에 심화 문제에 도전	−단계적으로 학습 난이도를 높여, 기초를 확실히 다지고 복잡한 문제를 해결할 수 있는 능력을 키움
학습의 시각적 정리	−학습 내용을 마인드맵이나 도식화하여 반복적으로 확인 −시각적으로 내용을 정리하면 학습 이해도를 높이고 기억에 도움을 줌	−복잡한 내용을 시각적으로 정리해 반복하여 학습하면, 더 잘 기억할 수 있고, 학습 전반을 더 깊이 이해하게 됨

부모와 함께 소통으로 성장하는 학습 전략

자기 전에는 그날 배운 내용을
다시 복습해보자

복습의 힘으로 학습을 완성하자

자기 전에 그날 배운 내용을 다시 복습하는 습관은 학습 능력을 크게 향상시키고, 지속적으로 학습 동기를 부여받는 데 매우 효과적입니다. 하루의 학습을 마무리하며 복습하는 그날 학습한 내용을 더 확실하게 이해하고 기억하게 만들며, 이를 통해 학업 성과를 꾸준히 높일 수 있고, 학업 잠재력을 극대화하는 데 매우 효과적입니다.

복습은 단순히 배운 내용을 다시 보는 것이 아니라, 그 내용을 더 깊이 이해하고 기억 속에 확고히 새기는 과정입니다. 복잡한 개념이나 새로운 정보를 처음 배웠을 때는 단기 기억에만 머무를 수 있습니다. 하지만 자기 전에 배운 내용을 다시 복습하면, 그 정보가 장기 기억으로 전이될 확률이 높아집니다. 이는 학습의 일관성을 유지하는 데 중요한 역할을 하며, 자녀가 학습에 대한 자신감을 키우고 성취감을 느끼게 합니다.

정보의 강화와 기억의 전이

복습은 학습한 정보를 단순히 기억하는 것이 아니라, 그 정보를 강화하고 체계적으로 정리하는 과정입니다. 자녀가 배운 내용을 복습할 때, 단순히 책을 다시 보는 것만으로도 기억에 남기 어려운 정보가 더 오랫동안 머물 수 있도록 도와줍니다.

특히 자기 전 복습은 학습 정보를 체계적으로 정리할 수 있는 최적의 시간으로 단기 기억에서 장기 기억으로 전이됩니다. 수면 중 뇌가 정보를 재정리하고 저장하는 데 큰 도움을 줍니다.

자녀가 꾸준하게 복습을 하면서 학습 내용을 강화하게 되면, 대입의 서술형 평가나 탐구보고서 작성에도 큰 도움이 됩니다. 성취도는 물론, 문제 해결 능력이나 분석력까지도 발전하게 되어 수능 대비뿐만 아니라 학생부 종합전형에서도 복습은 중요합니다.

3단계 복습 방법

1. 핵심 요약
학습한 내용을 한두 문장으로 요약합니다. 수학을 예를 들면 배운 공식과 적용 예시를 간단히 정리합니다.

2. 개념 연결
역사에서 '대동법'을 배웠다면, 기존의 공납제와 차이를 비교하는 것처럼, 새롭게 배운 내용과 기존에 알고 있던 내용을 연결합니다.

3. 퀴즈 생성

"대동법의 시행 목적은 무엇이었을까?"라는 질문처럼 스스로 질문을 만들고 답을 적어보는 방식으로 복습합니다.

"하루를 정리하는 시간을 가지면, 배운 것을 더 잘 이해하고 기억할 수 있다. 이렇게 하면 시험 준비도 훨씬 수월해질 거야" 복습을 마친 후 자녀와 간단한 대화를 통해 학습 내용을 다시 확인하고 격려하는 것이 효과가 높습니다.

자기 평가와 이해도 확인

자기 전에 복습하는 습관은 자녀가 그날 배운 내용을 스스로 평가하고, 자신의 이해도를 확인할 수 있는 중요한 기회를 제공합니다. 부모는 자녀와의 대화를 통해 이러한 학습 습관이 단순한 반복이 아닌, 자신이 얼마나 잘 이해하고 있는지를 점검하는 과정이라는 점을 강조해야 합니다. 이 과정을 통해 자녀는 학습에서 느끼는 불안감을 해소하고, 자기 주도 학습의 기틀을 다질 수 있습니다.

이해도 점검 질문 예시

*이 개념을 다른 사람에게 설명할 수 있을까?

*문제를 풀 때 어떤 부분에서 막혔는가?
*오늘 배운 내용이 기존에 배운 것과 어떻게 연결될까?

하루를 마무리하며 자녀가 그날 배운 내용을 복습하는 것은 자신이 얼마나 잘 이해했는지 점검하고 보완할 수 할 수 있는 최고의 시간입니다. 그날 배운 내용을 다시 한번 확인하면서 자녀는 "이 부분은 내가 확실히 이해했구나" 또는 "이 부분은 좀 더 보완해야겠어"라고 스스로 평가할 수 있습니다.

이는 자녀가 자신의 학습 상태를 객관적으로 파악하고, 부족한 부분을 스스로 인식하며 보완하는 자기 주도 학습의 첫걸음이 될 수 있습니다.

실천 가능한 복습 및 자기 평가 방법

1. 하루 학습 요약 작성하기
학습한 내용을 간단하게 요약하거나 핵심 키워드를 적습니다.
2. 스스로 문제를 만들어 보기
배운 내용을 바탕으로 예상 문제를 작성하고 풀어봅니다.
3. 고교학점제에서의 활용
복습을 통해 학습한 과목의 이해도를 높이면 고교학점제에서 학생이 선택한 과목을 관리하는 데 유리합니다. 특히 선택 과목의 핵심 개념을 정리하고, 이해도를 점검하면 학생부 종합전형에도 직접적인 도움을 줍니다.

부모는 자녀에게 "오늘 무엇을 배웠고, 그것을 얼마나 잘 이해했는지 다시 확인해볼까?"라는 질문을 던짐으로써 자녀가 자기 학습에 대해 더 주체적으로 생각하게 도울 수 있습니다. 이 질문은 자녀가 학습을 마냥 외우는 것이 아니라, 배운 내용을 진정으로 이해하고 있는지 점검할 기회를 제공합니다.

장기적인 학습 습관

매일 복습하는 습관을 들이면, 자녀는 학습의 일관성을 유지하게 됩니다. 이 일관성은 학습 효율성을 높이는 중요한 요소로 작용하며, 자녀가 꾸준히 배움을 이어가도록 돕습니다.

짧은 시간이라도 복습을 하는 습관을 들이면 자녀는 학습에 대한 일관된 리듬을 만들 수 있습니다. 일관성은 단지 매일 공부하는 것에 그치지 않고, 자녀가 학습 내용에 대한 자신감을 얻게 하며 수능이나 학교 시험에서도 높은 학업 성취로 이어집니다.

시험과 연계

매일 복습 습관은 수능이나 학교 시험 대비에서도 큰 효과를 발휘합니다. 예를 들어, 수능 한국사 과목에서 매일 5분씩 연속으로 복습하는 습관을 들이면 시험 직전 큰 부담없이 주요 내용을 정리할 수 있습니다. 또한, 과제 수행 시에도 매일 학습한 내용을 짧게 나마 복습하면 자료 조사와 분석 과정이 훨씬 수월해집니다.

학습을 반복적으로 접하면, 자녀의 뇌는 해당 정보를 중요하게 인식하고 더 오랜 시간 기억하려는 경향이 있습니다. 따라서 부모는 자녀에게 복습이 단순한 반복이 아니라, 기억을 오래 유지하고 학습 성과를 높이는 핵심 과정이라는 것을 강조해야 합니다.

반복 학습의 과학적 효과

복습을 통해 자녀는 "반복 학습 효과"를 경험할 수 있습니다. 이틀 간격으로 복습한 내용은 처음 배웠을 때보다 최대 30% 이상 더 오래 기억됩니다. 부모는 자녀에게 "오늘 배운 내용을 잠깐 복습하면, 다음 수업에서도 더 잘 이해하게 돼"라고 구체적으로 알려줄 수 있습니다.

이러한 대화를 통해 자녀는 매일의 작은 복습이 큰 성과로 이어질 수 있다는 사실을 깨닫게 될 것입니다. 이렇게 축적된 학습 습관은 자녀가 높은 학업 성취를 이루는 데 있어 중요한 토대가 됩니다.

학습 과정에서 실천할 수 있는 구체적인 방법

실천 방안	구체적인 방법	효과
자기 전 복습 시간 설정	-매일 시간을 정하고 그날 배운 내용을 복습	-꾸준한 복습 습관 형성, 학습 일관성 유지, 기억력 강화
핵심 내용 요약 작성	-배운 내용을 3~5문장으로 요약하고, 중요 개념을 메모로 정리	-핵심 개념 이해도 향상, 정보의 간결화 및 체계화
암기 카드 활용	-주요 개념이나 외워야 할 내용을 암기 카드로 만들어 매일 복습	-반복 학습을 통해 장기 기억으로 전이, 암기 능력 향상
스터디 그룹을 통한 복습	-친구들과 함께 그날 배운 내용을 복습하고, 서로의 이해도를 확인하며 질문을 주고받음	-동료 학습을 통한 시너지 효과, 토론을 통한 학습 내용의 심화 및 이해도 증진
음성 녹음 활용	-중요한 내용을 자신의 목소리로 녹음한 후, 자기 전에 반복해서 들음	-청각 자극을 통한 복습, 자기 주도 학습 태도 강화
자기 평가 테스트	-그날 배운 내용을 스스로 문제로 만들어 풀어보며 자신의 이해도를 점검	-학습 성과 자기 평가, 부족한 부분 파악 및 보완
질문 목록 작성 및 해결	-이해가 안 된 내용이나 궁금한 내용을 질문 목록에 작성하고, 다음 날 선생님에게 질문하여 해결	-학습 내용의 명확한 이해, 선생님과의 적극적인 소통을 통해 문제 해결
체계적인 복습 스케줄 관리	-학습한 내용을 일주일 단위로 다시 복습하는 주기적인 스케줄을 계획	-장기 기억으로 정보 전이, 지속적인 학습 리마인더 효과

4

내 주변을 학습의
무대로 만드는 방법

-환경과 도구 활용-

다양한 자료를 활용해서
공부해보자

다양한 자료를 활용하여 공부하는 것은 자녀가 변화하는 입시 환경과 AI 기반 학습앱의 시대에 효과적으로 적응하는데 매우 유용합니다. 자녀가 학습 내용을 더 깊이 이해하고, 학습에 대한 흥미를 키우며, 자기 주도적인 학습 태도를 형성하는데 매우 효과적인 방법입니다.

자녀가 교과서에만 의존하지 않고 다양한 자료를 활용하면, 학습의 질을 높이고, 장기적으로 긍정적인 학습 태도와 성취감을 유지할 수 있습니다.

이는 자녀의 학업 역량을 높이고, 비판적 사고와 문제 해결 능력을 키우는 데 중요한 역할을 합니다. 부모는 자녀에게 이러한 학습 방식을 강조하며, 다양한 자료를 활용하는 중요성을 일깨워주는 것이 좋습니다.

다양한 시각과 접근 방식의 이점

다양한 자료를 활용하여 공부하면, 자녀는 같은 주제를 여러 관점에서 탐구할 수 있게 됩니다. 교과서뿐만 아니라 참고서, 온라인 강의, 동영상 자료, 학습 애플리케이션 등 다양한 학습 도구를 접하면, 자녀는 보다 넓은 시각을 갖게 되고, 문제를 해결하는 데 있어서 다양한 접근 방식을 경험하게 됩니다.

이 과정에서 자녀는 단순히 정답을 찾는 것을 넘어서, 문제를 여러 각도에서 분석하고 비교하는 능력을 키우게 됩니다. 여러 자료를 분석하고 종합하는 과정은 비판적 사고력을 길러주며, 창의적 문제 해결 능력을 촉진합니다. 특히 복잡한 문제나 실생활에서 접하는 다양한 상황에서 자녀가 새로운 해결 방법을 찾는 데 중요한 역할을 합니다.

다양한 자료를 통한 문제 접근과 심화 학습

자녀가 특정 과목을 공부할 때, 교과서 외에도 관련된 온라인 강의나 동영상 자료를 활용하면 이해의 폭이 넓어집니다. 과학 과목에서 화학 반응에 대해 배우고 있다면 교과서에서 기본 개념을 익히는 것뿐 아니라, 온라인에서 해당 실험 과정을 시청하거나, AI 학습애플리케이션을 통해 가상 실험을 체험해 볼 수 있습니다.

이처럼 다양한 자료를 통해 학습하면, 자녀는 이론을 이해하는 데 그치지 않고 실질적인 원리와 응용 사례를 체험하면서 보다 깊이 있게 내용을 이해할 수 있습니다.

자녀가 한 가지 주제에 대해 다양한 자료를 접하고 비교하며 분석하는 능력은 논술이나 면접 준비에 필수적입니다. 사회 과목에서 '기후 변화'라는 주제를 다룰 때, 교과서에서 기본 개념을 이해한 후 뉴스 기사, 학술 논문, 환경단체의 보고서를 함께 읽어보며 서로의 차이점을 비교하고 분석해 보는 것은 매우 효과적입니다.

이러한 과정을 통해 자녀는 정보를 비판적으로 분석하는 능력을 기르고, 다양한 시각을 수용하며 깊이 있는 이해를 바탕으로 자신만의 논리를 전개할 수 있습니다.

자녀가 다양한 자료를 통해 배운 내용을 정리하고, 이를 가족이나 친구와 공유하도록 격려하는 것도 효과적인 학습 방법입니다. 자녀가 학습 내용을 자신의 언어로 표현하게 함으로써, 배운 내용을 더 깊이 내재화할 수 있으며, 이를 통해 소통능력 또한 강화됩니다. 자녀가 학습 내용을 설명하고 나누는 과정에서 스스로 지식을 정리하고 이해도를 높일뿐만 아니라, 다른 사람들과 소통하는 능력도 기르게 됩니다.

학습 습관 형성과 지속적인 동기 부여

다양한 자료를 활용하면 학습이 더 재미있어지고, 자녀의 흥미를 끌 수 있습니다.

예를 들어, 동영상 강의나 인터랙티브한 학습앱은 자녀의 관심을 끌고, 학습에 대한 동기를 높일 수 있습니다. 자녀가 재미있게 느끼는 학습 방법을 찾으면, 지속적으로 학습에 참여하게 되고, 학업 성취도가 향상됩니다.

AI 기반 학습앱을 통해 자녀는 자신의 학습 수준과 진도에 맞춘 맞춤형 피드백을 받을 수 있습니다. 수학 문제를 풀다가 어려움을 느낀다면 자녀는 AI 기반 학습앱의 도움을 받아 부족한 개념에 대한 추가 설명을 받고, 맞춤형 연습 문제를 통해 실력을 쌓을 수 있습니다.

또한, 자녀가 수학 문제를 더 효과적으로 이해할 수 있도록 애니메이션이나 인터랙티브 그래프를 통해 문제의 원리를 시각적으로 이해할 수 있게 돕기도 합니다.

이러한 다양한 자료 활용은 자녀가 학습에 자신감을 가질 수 있게 하며, 개별 맞춤형 피드백을 통해 학습 효과를 극대화하는데 매우 유용합니다.

또한 자녀가 학습하는 주제에 맞는 자료를 선택하도록 지도하는 것도 중요합니다. 예를 들어, 과학 실험을 배우고 있다면, 실험 동영상을 찾아보거나, 관련 실험 키트를 활용할 수 있습니다. 역사 공부를 할 때는 다큐멘터리나 역사 소설을 참고할 수 있습니다. 이렇게 주제에 맞는 자료를 활용하면 학습의 효과가 더욱 높아집니다.

다양한 자료를 활용하는 학습

중학교 1학년인 준영이는 특히 과학과 역사 과목을 어려워하고 흥미를 느끼지 못했습니다. 수업 시간에 배우는 내용은 늘 어렵고 딱딱하게 느껴졌고, 교과서를 읽는 것만으로는 이해가 잘되지 않았습니다.

특히 과학 실험과 역사적 사건들을 외우는 것이 지루하게만 느껴져, 공부하는 데에 동기가 부족했습니다. 그러다 보니 준영의 학업 성취도도 기대만큼 오르지 않았고, 점점 더 학습에 대한 흥미를 잃어갔습니다.

준영의 부모님은 준영이 과학 실험을 더 흥미롭게 학습할 수 있는 방법을 고민하다가, 다양한 자료를 활용해 보는 것을 제안했습니다. 부모님은 과학 실험을 동영상으로 실험 과정을 보면서 공부하자고 조언을 했습니다.

준영은 처음에는 이 방법이 도움이 될지 반신반의했지만, 과학 수업에서 배운 '화학 반응'에 대한 주제를 동영상으로 보게 되면서 흥미를 느끼기 시작했습니다. 동영상 속에서 실제 실험 장면을 보고 실험 결과를 직접 눈으로 확인하면서, 교과서만으로는 느낄 수 없었던 이해가 빠르게 이루어졌습니다.

이 경험을 통해 준영은 과학을 어려운 과목이 아니라 재미있고 흥미로운 도전으로 받아들이기 시작했습니다. 매주 과학 실험을 찾아보며 스스로 실험을 해보는 시간을 가지게 되었고, 이 과정에서 과학 성적도 눈에 띄게 향상되었습니다.

다양한 자료 활용을 통한 맞춤형 학습

다양한 자료를 통해 학습 내용을 이해하고, 이를 통해 학업 성취를 이루는 경험은 자녀에게 성취감과 만족감을 줍니다. 이러한 긍정적인 경험은 학습에 대한 긍정적인 태도를 유지하게 하며, 지속적인 학습의 동기를 제공합니다.

부모는 자녀에게 다양한 자료를 활용하여 학습하는 방법이 왜 중요한지, 그리고 그것이 학습 효과를 어떻게 증대시키는지 대화를 통해 설명하는 것이 중요합니다.

자녀가 스스로 다양한 자료를 찾아보고, 이를 통해 학습하는 습관을 들이면 학업 성취도가 높아질 뿐만 아니라, 자기 주도 학습 능력도 강화됩니다. 부모는 자녀가 이러한 학습 방식에 긍정적으로 접근할 수 있도록 끊임없이 격려하고, 학습에 대한 자율성을 부여해야 합니다.

자녀에게 다양한 자료를 통한 학습이 단순한 지식 습득을 넘어서, 장기적으로 더 큰 성취를 이루는 데 기여할 수 있음을 설명해야 합니다.

이는 자녀가 학습에 대한 긍정적인 태도를 유지하고, 더 높은 목표를 향해 나아가는 데 중요한 동기 부여 요소가 됩니다.

정보의 다양성과 깊이

다양한 자료를 활용하여 공부하는 것은 자녀의 학습 능력을 극대화하는 중요한 방법입니다. 하나의 자료에만 의존하는 경우, 그 정보는 제한적일 수밖에 없습니다. 그러나 여러 자료를 활용하면 더 풍부하고 다양한 정보를 얻을 수 있습니다.

이로 인해 자녀는 학습 내용을 더 깊이 이해하고, 복잡한 개념을 체계적으로 정리할 수 있게 됩니다. 부모는 자녀가 이러한 학습 방식을 받아들여, 다양한 자료를 탐색하고, 분석하는 능력을 키우도록 지도해야 합니다.

이는 자녀가 학습 내용을 더 깊이 이해하고, 복잡한 개념을 체계적으로 정리하는 데 도움이 됩니다.

다양한 자료의 활용

고등학생인 수진이는 비교과 활동의 일환으로 인공 지능의 윤리적 사용에 대한 탐구보고서를 작성하기로 결정했습니다. 특히 인공 지능이 개인 정보를 수집하고 사용하는 과정에서 발생하는 윤리적인 문제에 관심을 가지게 되었습니다.

수진이는 먼저 인공 지능이 어떻게 얼굴 인식, 스마트 기기 등에서 사용되고 있는지를 조사했습니다. 많은 인공 지능 시스템이 막대한 양의 개인 정보를 수집하고 있다는 사실을 알게 되었고, 그로 인해 개인의 사생활이 침해될 우려가 있다는 점에 주목했습니다. 이에 수진은 개인 정보를 수집할 때에는 반드시 명확한 목적이 있어야 하며, 그 사용 범위도 제한되어야 한다고 생각하게 되었습니다.

그러나 수진은 단순히 교과서나 학교 자료에만 의존하지 않았습니다. 그래서 TED 강연과 연구 논문 등의 다양한 자료를 읽고 수진은 개인 정보를 보고하고, 남용을 방지하기 위해 인공 지능의 윤리적 사용이 필수적이라는 자신의 견해를 형성해 나갔습니다.

하지만 보고서를 작성하는 과정에서 수진은 윤리적 문제와 기술 발전 사이에 갈등이 있을 수 있다는 점도 깨닫게 되었습니다. 데이터 수집과 인공 지능 사용에 너무 많은 제한을 두면 혁신을 저해할 수 있다는 점을 지적했습니다. 이처럼 수진은 다양한 관점을 탐구하며, 윤리적 문제를 보다 깊이 있게 분석하고 균형 잡힌 시각으로 접근하게 되었습니다.

다양한 자료를 활용한 덕분에 보고서의 깊이가 더해졌고, 그녀는 단순한 정보 습득을 넘어 자신의 생각을 체계적으로 정리하고 표현하는 법을 익히게 되었습니다.

다양한 자료를 통해 학습하는 것은 자녀에게 폭넓은 시각을 제공해 줍니다. 교과서만으로는 부족한 부분을 보완하고, 동일한 주제를 여러 관점에서 바라볼 수 있는 기회를 제공합니다.

예를 들어, 자녀가 과학을 공부할 때 단순히 교과서에서 배우는 이론을 넘어서, 다큐멘터리나 온라인 강의를 통해 그 이론이 실제로 어떻게 적용되는지 확인할 수 있습니다. 이러한 과정에서 자녀는 더욱 깊이 있는 이해를 형성하고, 학습 내용을 스스로 체계화할 수 있습니다.

★

단순히 자녀에게 다양한 자료를 찾아보라고 권유하는 것에서 끝나지 않고, 부모가 자녀와 함께 자료를 탐색하는 시간을 가지는 것이 필요합니다. 예를 들어, 도서관에서 자녀와 함께 관련 서적을 찾아보거나, 인터넷에서 신뢰할 수 있는 학습 사이트를 함께 탐색하는 것은 자녀에게 더 큰 동기 부여가 될 수 있습니다. 이 과정에서 자녀는 정보를 스스로 찾아내는 즐거움을 느끼고, 자기 주도 학습의 기초를 다지게 됩니다.

학습 과정에서 실천할 수 있는 구체적인 방법

실천 방안	구체적인 방법	효과
다양한 자료 활용	-교과서 외에 참고서, 동영상 강의, 온라인 자료 등을 함께 활용하기 -도서관에서 관련 서적을 찾고 정리하는 시간 갖기 -학습 애플리케이션 및 디지털 자료 활용	-학습에 대한 흥미 증가 -다양한 관점에서의 학습으로 깊이 있는 이해와 창의적 사고 촉진
정보 탐색과 정리 훈련	-인터넷을 통해 신뢰할 수 있는 자료 찾기 -찾은 자료를 주제별로 분류하고 요약하여 정리하기 -배운 내용을 다이어그램이나 마인드맵으로 시각화	-정보 분석 능력과 비판적 사고력 향상 -복잡한 개념을 체계적으로 정리하는 능력 향상

실천 방안	구체적인 방법	효과
가족과 학습 내용 공유	−자녀가 학습한 내용을 부모나 형제자매에게 설명하고 토론하는 시간 갖기 −가족과 함께 학습 프로젝트 진행하기	−소통 능력 향상 −배운 내용을 자신의 언어로 설명하며 더욱 깊이 내재화 −협업 능력 및 자신감 향상
학습 도구와 자원 활용법 교육	−다양한 온라인 학습 플랫폼 사용법 교육 −신뢰할 수 있는 자료 출처에 대해 알려주기 −노트 필기, 요약 및 정리 기술 훈련	−학습 도구 사용 능력 향상 −학습 자원 탐색 능력 강화 −정리 및 요약 능력 향상
실생활에서의 학습 적용	−학습한 내용을 실생활에 연결해보는 활동(예: 요리, 운동, 여행 등을 통해 과학, 수학 개념 학습) −현실 문제에 대한 해결책을 찾는 프로젝트 진행	−실제 생활에서의 문제 해결 능력 향상 −배운 내용을 응용하는 창의적 사고력 증대 −학습과 실생활 연결로 학습 흥미 증가
학습 피드백과 반성 시간 갖기	−주기적으로 학습 내용을 되돌아보고 피드백 받기 −학습 과정에서 무엇이 효과적이었는지, 개선할 점은 무엇인지 성찰하기	−자기 성찰 및 자기 개선 능력 향상 −학습 효율성 극대화 −학습 성취감 강화

공부한 내용을 노트에 정리해보자

기억을 오래 간직하는 효율적인 복습법

자녀가 공부한 내용을 노트에 정리하는 것은 학습의 본질을 이해하고 자기 주도 학습 능력을 키우는 데 매우 중요한 방법입니다. 단순히 배운 내용을 기록하는 차원을 넘어서, 노트 정리는 자녀가 배운 내용을 체계적으로 정리하고, 깊이 이해하는 기회를 제공합니다.

이는 자녀의 학습 성과를 관리하고, 학습 동기를 유지하며, 나아가 장기적인 학업 성취를 높이는 강력한 도구가 될 수 있습니다.

체계적 정리와 학습 능력 향상

노트 정리는 배운 내용을 단순히 필기하는 것을 넘어, 자녀가 학습 내용을 머릿속에서 구조화하고 이해를 심화하는 강력한 도구입니다. 예를 들어, 수학 공식을 정리하거나 역사적 사건을 시간순으로 나열하는 과정에서 자녀는 자연스럽게 중요한 개념을 연결하고, 큰 그림을 그리는 법을 배웁니다.

이러한 구조화 능력은 복잡한 개념을 더 명확하게 이해하는 데 기여하며, 문제 해결 능력과 비판적 사고력을 함께 키워줍니다. 학습 내용을 글로 정리하는 동안, 뇌는 해당 정보를 더 중요하게 인식하고 이를 장기 기억으로 저장하려고 합니다. 노트에 내용을 적은 과정은 뇌가 그 정보를 더욱 깊이 각인하도록 돕는 강력한 도구입니다.

구체적인 노트 정리 방법 제안

1. 수학
*구조화 : 공식은 왼쪽에 정리하고, 오른쪽에는 예제 풀이와 오답 분석 내용을 기록
*활용팁 : AI 기반 학습앱에서 문제 풀이 영상과 시뮬레이션 기능을 활용해 풀이 과정을 정리
*복습 전략 : 학습한 공식을 기반으로 응용문제를 풀어보고, 틀린 문제를 노트에 다시 풀이
2. 과학
*실험 데이터 정리 : 실험 결과와 이를 통해 얻은 개념을 표나 그래프로 정리
*응용 학습 : AI 기반 학습앱에서 제공하는 실험 시뮬레이션 결과를 추가로 기억하고, 자신의 해석을 적어 봄
3. 역사
*시간 순서 정리 : 주요 사건을 연대기적으로 나열하며 관련된 사

회적, 경제적 맥락을 함께 기록

*시각적 정리 : 노트에 연표나 마인드맵을 작성하여 큰 그림을 한 눈에 파악

*활용팁 : AI 기반 학습앱의 시뮬레이션 기능을 활용해 사건의 인과관계를 시각화

성과의 기록과 평가

노트에 학습 내용을 정리하는 것은 자녀가 자신의 학습 과정을 시각적으로 확인할 수 있고 개선 방안을 찾는 데 매우 효과적입니다. 부모는 자녀에게 노트 정리가 단순히 공부한 내용을 기록하는 것에 그치지 않고, 학습 성과를 객관적으로 평가하고 발전하는 과정을 스스로 관리하는 중요한 역할을 한다는 점을 강조할 필요가 있습니다.

AI 기반 학습앱의 자동 평가 기능으로 학습 성과를 점검한 뒤, 결과를 노트에 기록하여 자신의 강점과 약점을 한눈에 파악할 수 있습니다. 노트에 기록된 내용은 자녀가 어느 부분을 잘 이해하고 있고, 어떤 부분이 부족한지 쉽게 파악할 수 있도록 도와줍니다.

이는 자녀가 학습의 주체가 되어 스스로 성장하는 과정을 인식하게 하며, 궁극적으로 자녀의 학업 잠재력을 극대화하는 데 기여할 수 있습니다.

성과 기록을 위한 노트 구성

> **1. 1단계 : 학습 내용 요약**
> 배운 내용을 간단하게 요약하고, 중요 개념과 키워드를 정리
> (예) 수학 수업 후, 배운 공식을 적고 이를 활용한 예제 풀이를 함께 기록
> **2. 2단계 : 이해 수준 표시**
> 각 단원의 이해도를 스스로 평가
> (예) "충분히 이해했음(√), 추가 복습 필요(△), 어려움 있음(×)"과 같은 기호를 사용해 표시
> **3. 3단계 : 부족한 부분 기록**
> (예) "분수의 나눗셈에서 계산 과정 실수, 예제 3번 복습 필요"라고 기록

부모는 자녀에게 "너의 학습 기록을 보면 어떤 부분이 잘 되었고, 어떤 부분을 더 보완해야 할지 한눈에 알 수 있지 않니? 이렇게 정리하다 보면 더 나은 계획을 세울 수 있어"라고 설명해줄 수 있습니다.

이는 자녀가 스스로 자신의 학습 상태를 진단하고 필요한 보완 학습을 계획할 수 있게 만드는 중요한 과정입니다.

효율적인 복습 도구

정리된 노트는 자녀에게 복습을 효과적으로 돕는 매우 유용한 자료입니다. 부모는 자녀에게 "공부한 내용을 노트에 정리하면, 복습할 때 시간을 절약할 수 있어. 중요한 내용을 빠르게 훑어보고 기억을 떠올릴 수 있지"라고 설명하면서, 체계적으로 정리된 노트의 가치를 인식시킬 수 있습니다. AI 기반 학습앱을 활용할 경우, 특정 개념이나 키워드를 노트에 정리해두면 디지털 자료와 연결하여 복습 시간을 단축시킬 수 있습니다.

시험 준비나 과제 수행을 할 때, 시간이 부족할 수 있습니다. 이때, 노트에 잘 정리된 내용을 활용하면 자녀는 필요한 정보를 빠르게 찾아볼 수 있습니다. 고교학점제에서 제공되는 선택 과목의 다양한 학습 자료를 정리한 노트는 필요한 정보를 신속히 찾아볼 수 있는 도구로 활용할 수 있습니다.

"시험을 앞두고 전부 다시 공부하기는 힘들잖니? 그런데 네가 정리한 노트를 보면, 중요한 것들을 한눈에 파악할 수 있단다"라고 격려하며, 노트가 단기적으로 학습 효율을 크게 높일 수 있는 중요한 도구임을 강조할 수 있습니다.

자녀가 노트 정리를 통해 복습 시간을 효율적으로 사용할 수 있도록 유도하는 것은, 부모가 학습의 중요성과 원리를 인식시켜 자녀의 학업 태도를 발전시키는 좋은 방법입니다.

문해력 향상

노트에 학습 내용을 정리하는 과정은 자녀의 문해력과 표현력을 키우는 중요한 훈련이 됩니다. 자녀는 공부한 내용을 글로 정리하면서 생각하는 것을 더 잘 표현하는 방법이 될 수 있습니다. 글을 자주 쓰다 보면, 글로 생각을 명확하게 전달하는 능력이 자연스럽게 길러질 수 있습니다.

자녀가 자주 글을 쓰는 습관을 기르게 되면, 이는 학교에서의 작문 과제나 시험에서 좋은 성과를 얻는 데 큰 도움이 됩니다. 시험에서 서술형 문제에서 자신의 생각을 명확하게 글로 풀어낼 수 있어 답이 훨씬 더 쉽게 떠오를 수 있습니다.

고교학점제에서 제공되는 다양한 선택 과목에서 주요 이론과 사례를 정리한 노트를 작성하면, 자신의 이해를 글로 정리하며 표현 능력과 사고력을 함께 키울 수 있습니다. 학습 자료를 정리하고 기록한 노력은 대학 입학 면접에서 면접관들에게 논리적이고 체계적인 사고를 갖춘 학생으로 긍정적으로 평가받을 수 있습니다.

서술형 문제 대비

국어 수업에서 배운 시나 소설의 주요 내용을 정리하고 이를 기반으로 자기만의 해석을 적어보는 활동은 서술형 문제 대비에 효과적입니다. '노트 정리→서술형 연습→AI 기반 학습앱의 보완 학습'

과정을 통해 국어 서술형 문제에서 우수한 평가를 기대할 수 있습니다.

글쓰기 능력이 단순히 글을 쓰는 것에 그치지 않고 학습 성과와도 직결되기에 글을 많이 쓰는 것이 중요하다는 것을 설명할 필요가 있습니다. "매일 배운 내용을 요약하고, 서술형 문제로 답을 적는 연습을 하자. 이를 반복하면 생각을 글로 풀어내는 능력이 크게 발전할거야."

노트 정리는 자녀가 학습 내용을 논리적으로 구성하는 훈련을 제공합니다. 자녀는 각 주제를 체계적으로 정리하고, 정보 간의 연관성을 파악하며, 이를 효과적으로 전달하는 능력을 기르게 됩니다. 부모는 "노트를 정리하는 과정에서 어떤 내용을 먼저 적어야 하는지, 어떤 순서로 설명해야 더 잘 이해할 수 있을지를 고민하게 될 거야. 그게 바로 논리적으로 생각하는 연습이야"라고 강조할 수 있습니다.

네가 좋아하는 방식으로
공부해도 괜찮아

모든 자녀는 고유한 학습 스타일을 가지고 있으며, 이로 인해 학습 방법에 차이가 존재합니다. "네가 좋아하는 방식으로 공부해도 괜찮아. 각자에게 맞는 방법이 있는 거야"라는 말은 자녀에게 자유와 자율성을 부여하며, 학업 스트레스를 줄이고 심리적 안정을 유지하는 데 큰 도움이 됩니다.

이러한 말은 자녀가 자신만의 방식으로 학습하면서, 그 과정에서 자신감을 키우고, 효율적인 학습을 가능하게 합니다. 또한, 자녀가 학습에 인내심과 끈기를 가지며 긍정적인 태도를 유지하고, 더 나은 학습 환경을 조성하는 데 기여합니다.

개인 맞춤 학습의 효율성

사람마다 정보 처리와 학습에 있어서 선호하는 방식이 다릅니다. 어떤 학생은 시각적인 자료를 통해 학습 효과가 높아집니다. 이들은 그림, 차트, 그래프 등을 활용할 때 정보를 더 잘 이해하며, 노트 필기 시 다양한 색을 사용하거나 다이어그램을 그리면서 공부하는 것을 선호합니다.

AI 기반 학습앱은 복잡한 개념을 시각적으로 표현하는 애니메이션, 그래프, 동영상 자료를 제공합니다. 예를 들어, 과학 과목에서 AI가 분자의 구조를 3D모델로 시각화해 보여주거나, 역사 수업에서 시간의 흐름에 따라 주요 사건을 그래프로 나타내기에 이를 적극 활용할 수 있습니다.

반면에 다른 학생들은 청각적 학습을 통해서 정보를 더 잘 배웁니다. 이들은 강의를 듣거나 오디오북을 통해 학습할 때 효과적이며, 그룹 토론을 통해 학습 내용을 정리하고 아이디어를 얻는 것을 좋아합니다.

청각적 학습자는 강의 청취, 그룹 토론 등을 통해 학습 효과가 극대화됩니다. 학종에서 세부 능력 및 특기 사항에 기록되는 발표와 토론 활동은 청각적 학습자의 강점을 극대화할 수 있는 중요한 기회입니다.

또 다른 학생들은 신체를 움직이면서 학습하는 것을 선호합니다. 이들은 실험, 모형 만들기, 역할 놀이 등 실제 행동을 통해 배울 때 큰 효과를 얻습니다. 공부하다가 휴식 시간을 정하고 신체 활동을 병행하는 것도 학습에 도움이 됩니다.

일부 학생은 읽기와 쓰기를 통해 학습 효과를 높이는 경향이 있

습니다. 이들은 교과서를 읽고 요약하거나, 노트 필기를 통해 학습
내용을 정리하면서 이해도를 높이고, 다양한 아이디어를 얻습니다.

효과적인 학습 방법 탐색

고등학교 1학년인 연수는 수업을 열심히 듣고 교과서를 반복해서
읽어도 내용을 제대로 이해하지 못해 좌절감을 느꼈습니다. 상담
후, 연수에게 다양한 학습 방식을 시도하도록 권유했습니다. 시각
적 학습도 시도해 보고, 청각적 학습도 관심을 갖게 하고, 실제 문
제를 풀어보는 활동도 격려했습니다.

연수는 문제를 풀어보는 활동을 통해 어떤 방법이 가장 효과적인
지 탐색했습니다. 몇 번의 실패를 거친 후, 연수는 인강을 통해 학
습 효과가 극대화된다는 것을 발견하고, 이를 통해 학업 성취도를
높이기 시작했습니다.

학부모는 자녀가 어떤 방식으로 정보를 더 잘 이해하고 기억하는
지를 파악하는 것이 중요합니다. 자녀가 자신의 학습 스타일을 발
견하고 그 방식을 존중하며, 그에 맞게 학습할 수 있도록 격려하
고 지원하는 것이 중요합니다.

학부모가 다양한 학습 스타일을 존중하는 것은 자녀가 자신에
게 가장 적합한 학습 방법을 발견하고 효율적으로 학습할 수 있도
록 돕는 중요한 요소입니다. 학생이 자신에게 맞는 학습 방법을 사
용하면 학습 효율이 높아지고, 시간과 에너지를 효과적으로 사용
할 수 있어 학습 성과를 높일 수 있습니다. 또한, 자신이 선호하는

방법으로 학습하면 더 큰 흥미를 느끼고 학습에 대한 동기가 더욱 부여됩니다.

자신만의 학습 스타일로 강점을 강화하기

학부모가 자녀의 학습 스타일을 이해하고 이를 존중하며 조언해 주면, 자녀가 선호하는 학습 방법을 사용하여 학습 효율이 크게 높아집니다. 이는 자녀가 시간과 에너지를 보다 효과적으로 사용할 수 있음을 의미합니다. 예를 들어, 강의를 듣는 것을 좋아하는 학생은 인강을 통해 학습하는 것이 효과적이며, 토론과 발표를 통해 통합적인 학습을 선호하는 학생은 스터디그룹을 구성하여 학습하는 것이 좋습니다.

자신이 선호하는 방식으로 학습하면 더 큰 흥미와 열정을 느끼게 됩니다. 학습에 대한 동기가 부여되면 자발적으로 더 많은 시간을 투자하게 되고, 학습 성과도 향상됩니다.

학습 방식의 선택과 몰입

초등학교 5학년인 민지는 시각적 학습 스타일을 선호하는 학생이었습니다. 그녀는 교과서를 읽거나 선생님의 설명만 듣는 것보다 그림이나 도표, 비디오를 통해 배우는 것을 더 좋아했습니다. 민지의 부모는 이런 학습 스타일을 이해하고, 민지가 보다 효과적으로 공부할 수 있도록 다양한 시각 자료를 활용할 수 있는 환경을 조성해 주었습니다.

민지가 과학 수업에서 태양계에 대해 배울 때, 부모는 교과서 외에도 태양계의 행성들을 다룬 짧은 다큐멘터리 영상을 함께 보도록 권장했습니다. 이 영상에는 태양계 행성들의 특징과 궤도에 대한 생동감 있는 에니메이션이 포함되어 있었고, 민지는 그 영상에서 본 내용을 쉽게 기억해냈습니다. 또한, 민지가 직접 태양계를 그려보고 각 행성에 대한 정보를 적는 과제를 통해 시각적으로 내용을 다시 정리하고 더 깊이 학습하게 되었습니다.

그 결과, 민지는 이 주제에 대해 더 큰 흥미를 가지게 되었고, 교과서의 내용을 넘어 자신이 직접 자료를 찾아보는 자발적인 학습까지 이어졌습니다. 부모는 민지가 스스로 학습 방법을 선택하고 몰입할 수 있는 환경을 조성해주었고, 이를 통해 민지는 성취감을 느끼며 과학에 대한 흥미를 더 키워갔습니다.

자녀가 자신의 학습 방법을 선택하고 목표를 설정하면, 그 목표를 달성하기 위해 스스로 동기부여를 받게 됩니다. 목표를 이루었을 때의 성취감은 다시금 동기 부여로 작용하여 더 높은 목표를 설정하고 달성하려는 의지를 강화합니다. 부모의 조언을 긍정적으로 받아들이고, 이를 통해 미래의 성공적인 모습을 기대할 수 있습니다.

또한, 자신이 선택한 학습 방식으로 학습할 때 몰입의 경험을 더 자주하게 됩니다. 몰입은 학습 효율을 극대화하는 중요한 상태로,

학습에 완전히 집중하고 시간 가는 줄 모르고 공부하게 됩니다. 이는 깊은 이해와 높은 성취로 이어집니다.

외부의 압력이나 강제에 의해 공부하는 것이 아니라, 스스로 선택한 방식으로 학습하는 것은 자녀에게 더 큰 동기 부여를 제공합니다. 내적 동기는 자녀가 자발적으로 더 많은 노력을 기울이게 만드는 중요한 요소입니다. 학습에 대한 흥미와 열정이 증가함에 따라 학습 효율과 성과도 극대화될 수 있습니다. 이때 학부모의 이해와 지지가 뒷받침되면 자녀는 더욱 자신감을 가지고 학습에 임할 수 있습니다.

최적의 학습 방법 찾기

자녀가 다양한 학습 방법을 시도해 보면서 자신에게 가장 잘 맞는 방법을 배우게 됩니다. 이 과정에서 자녀는 실패와 성공을 모두 경험하며, 이러한 경험은 자신에게 최적의 학습 방법을 찾는 데 큰 도움이 됩니다.

다양한 학습 방법을 시도한 후 성공을 경험한 것은 자녀의 자신감을 크게 높여줍니다, 반면 자신에게 맞는 학습 방법을 찾지 못해 방황할 때 자녀가 느끼는 좌절감은 매우 클 수 있습니다.

이때, 부모와의 대화가 부족하면 자녀는 방치될 수 있으며, 이로 인해 학습에 대한 부정적인 감정을 치유하기 어려워질 수 있습니다. 자녀의 학습 능력을 높이고 자신감이 충만하여 더 높은 성취를 이루기 위해서는 부모의 관심과 대화가 중요한 역할을 합니다.

처음부터 최적의 학습 방법을 찾기는 어려울 수 있습니다. 그러나 반복적인 시도와 조정을 통해 점점 더 효과적인 방법을 찾게 됩니다. 이는 자녀가 주도적인 학습 능력을 기르는 중요한 과정입니다. 학습 과정에서의 실패는 불가피한 부분입니다. 그러나 실패는 단순히 잘못된 결과가 아니라, 무엇이 효과적인지 않은지를 알려주는 귀중한 피드백입니다. 만족스럽지 못한 결과를 받았을 때 자녀는 특정 학습 방법이 자신에게 맞지 않음을 깨닫고, 다른 방법을 시도할 필요가 있음을 알게 됩니다. 이는 잘못된 상황을 교정하고 배움의 기회를 여는 긍정적인 태도를 기르는 데 도움을 줍니다.

학습 과정에서 실천할 수 있는 구체적인 방법

실천 방안	구체적인 방법	효과
학습 스타일 파악하기	−설문지나 학습 스타일의 진단 테스트를 활용해 자신의 학습 스타일을 파악	−자신의 학습 선호도에 맞는 맞춤형 학습 계획 수립 가능
시각적 학습법 적용하기	−다이어그램, 마인드맵, 색깔 코딩 등을 활용하여 학습 내용을 시각적으로 표현	−시각적 자극을 통해 학습 내용을 더 잘 이해하고 기억할 수 있음

실천 방안	구체적인 방법	효과
청각적 학습법 활용하기	−오디어북, 팟캐스트, 녹음된 강의를 반복해서 들으며 학습	−청각적 시간을 통해 내용을 쉽게 흡수하고 집중력을 높일 수 있음
운동 학습법 실천하기	−실습, 모형 제작, 학습 도구를 활용한 활동 등 손으로 직접 움직이며 배우는 방식을 적용	−실제 행동을 통해 개념을 쉽게 이해하고, 기억에 오래 남김
언어적 학습법 적용하기	−노트 필기, 글쓰기, 플래시 카드 활용 등을 통해 텍스트 기반으로 학습	−언어적 자극을 통해 개념을 체계적으로 정리하고 이해할 수 있음
학습 환경 조성하기	−조용한 공간, 적절한 조명, 필요한 학습 도구들을 갖춘 맞춤형 학습 환경을 만듦	−집중력을 높이고, 방해 요소를 최소화하여 학습 효율을 높임
반복 학습 전략 활용하기	−학습 내용을 주기적으로 복습하며, 반복적으로 연습	−단기 기억에서 장기 기억으로 정보를 전환하여, 학습 내용을 오래 기억할 수 있음
피드백과 자기 평가	−학습 후 자신의 성과를 스스로 평가하고, 부족한 부분을 보완할 수 있도록 피드백을 구함	−자기 학습 능력을 강화하고, 지속적인 개선을 통해 성과를 향상시킴

규칙적인 생활 습관이
학습 효율을 높여줘

성공은 습관에서 시작된다

자녀에게 규칙적인 생활 습관이 학습 효율을 높이는 이유를 설명하는 것이 중요합니다. 자녀가 이를 이해하고 자신의 생활에 적용할 수 있도록 구체적인 실천 방법을 안내하면, 규칙적인 생활 습관을 통해 시간 관리 능력을 기르고, 효율적으로 시간을 활용하는 법을 배워 성공적인 학습과 생활의 기반을 마련할 수 있습니다.

시간 관리의 능력

시간 관리의 능력은 학업 성취와 밀접한 관련이 있습니다. 자녀와 함께 학업 일정을 계획하고, 우선순위를 정하는 시간을 갖는 것이 매우 중요합니다. 이러한 시간 관리의 능력은 장기적으로 자녀의 학습과 생활을 성공적으로 이끄는 원동력이 됩니다.

고교학점제에서는 시간 관리가 학습 성공의 필수 요소로 떠오르

주말 학습 일정 예시:

시간	활동	설명
9:00~14:00	학원 수업	가장 중요한 활동 중 하나로, 학원에서 새로운 내용을 배우고 이를 이해하는 시간이므로 집중이 필요
14:00~15:00	휴식 및 재충전	학원 수업 후 휴식을 통해 집중력을 회복하고, 이후의 공부에 대비하는 시간이 필요
15:00~18:00	수학 공부	어려운 과목을 우선적으로 해결하기 위해 집중이 잘되는 시간대에 배치, 깊이 있는 학습을 할 수 있음
18:00~19:00	저녁 식사	규칙적인 식사를 통해 체력을 보강하고, 다음 활동을 위한 준비
19:00~20:00	산책 및 가족과 대화	학습과 생활의 균형을 맞추기 위해 가벼운 운동과 가족과의 대화를 통해 정신적 휴식을 취함
20:00~21:00	예습	다음 학습 내용을 미리 살펴보는 시간으로, 다음 학습의 준비를 철저히 할 수 있는 시간

고 있습니다. 특정 과목의 수행 평가와 발표 준비가 겹친 상황이라면, 자녀는 시간 관리의 능력을 발휘해 중요 과제를 우선적으로 해결하고 발표 자료 준비를 효과적으로 병행해야 합니다.

자녀에게 일정을 계획할 때 우선순위를 정하는 것도 중요하다는 점을 인식시켜야 합니다. 자녀가 하루나 일주일의 학습 일정을 계획할 때, 어떤 일이 가장 중요한지, 무엇을 먼저 해야 할지 결정하는 능력을 키우는 것은 매우 유익합니다. 고교학점제에서는 학생이 선택 과목이 대학 진학에 영향을 미치므로, 각 과목의 중요도를 판단해 시간 배분에 반영하는 것이 필요합니다.

다음과 같이 시간 관리의 능력을 키우는 실질적 방법을 참조할 수 있습니다.

1. 우선순위 설정 연습

자녀가 학습 일정을 세울 때, 중요한 과제와 덜 중요한 과제를 구분하는 연습이 필요합니다. 국어 과목의 독서 기록에 수행 평가 마감일과 영어 단어의 암기 일정이 겹칠 경우, 독서 기록 작성에 우선순위를 두고, 영어 단어 암기는 추가적으로 학습 시간을 분배하도록 지도할 수 있습니다.

2. 학습 시간과 휴식 시간의 균형

효율적인 시간 관리는 집중 학습 시간과 휴식 시간의 적절한 배분에서 시작됩니다. 예를 들어 50분 학습 후 10분간 휴식을 취하는 '포모도로기법'을 활용하면 집중력을 유지하며 생산성을 높일 수 있습니다.

3. 장기적 계획과 단기적 목표의 결합

고교학점제와 같은 학습 환경에서는 장기적인 학습 목표와 단기적인 과제 수행이 조화를 이루어야 합니다. 학기 초에 주요 과목별 목표를 설정한 뒤, 매주 이를 달성하기 위한 세부 학습계획을 수립

부모와 함께 소통으로 성장하는 학습 전략

할 수 있습니다.

일관성과 집중력

자녀가 규칙적인 생활 습관을 유지하면 몸과 마음이 일정한 리듬을 타게 되어 더 효율적으로 학습이 가능해집니다. 매일 규칙적으로 공부하고 휴식하는 습관을 들이면, 학습과 휴식의 균형을 잘 맞추게 되며, 학습에 필요한 에너지를 꾸준히 유지하는 데 큰 도움이 됩니다.

고교학점제는 학생이 진로와 적성에 맞는 과목을 선택해 이수하며, 장기적인 학업 계획을 스스로 관리해야 하는 제도입니다. 따라서, 일정한 리듬을 유지하며 학습하는 일관성은 고교학점제 환경에서 더욱 중요합니다. 여러 연구에 따르면, 규칙적인 일과를 지키는 학생들이 학습 효과가 높고, 시험 성적이 우수하며, 스트레스 수준이 낮다는 결과가 다수 보고되었습니다.

규칙적인 생활 습관은 자녀의 집중력 향상에도 중요한 역할을 합니다. 일정한 시간에 학습하는 습관은 뇌가 그 시간에 집중하도록 훈련시킵니다. 이는 수면 패턴과 식사 시간에도 긍정적인 영향을 미쳐 집중력과 기억력을 높이는데 기여합니다.

AI 기반 학습앱은 학생이 집중력을 기르는 데 강력한 도구가 될 수 있습니다. AI 시스템은 학습 패턴과 학습 데이터를 분석해 학생에게 맞는 학습 스케줄을 제안하며, 집중이 필요한 시간대를 파악하여 효율적인 학습 계획을 수립하도록 돕습니다. 예를 들어, 오후 3시부터 4시 사이에 가장 집중력이 높은 데이터를 기반으로, AI는 그 시간에 수학 문제 풀이와 같은 고난도 과제를 배치하도록 제안할 수 있습니다.

규칙적인 수면 패턴과 식사 시간은 집중력과 기억력을 향상에 중요한 역할을 합니다. 충분한 수면과 영양 섭취는 학습에 필수적입니다. 예를 들어 매일 밤 12시에 잠자리에 들고 아침 6시에 일어나는 규칙적인 습관을 들이면, 신체가 자연스럽게 그 시간에 맞춰 회복되고 에너지를 충전하게 됩니다. 또한 아침, 점심, 저녁을 규칙적으로 섭취하면 뇌에 필요한 영양소를 꾸준히 공급할 수 있어 학습 능력을 최적화할 수 있습니다.

그러나 과도하게 학원에 시간을 투자하여 수면 시간을 줄이는 것은 오히려 역효과를 낼 수 있습니다. 수면 부족은 집중력과 기억력을 저하시키고, 장기적으로는 학습 성과에도 부정적인 영향을 미칩니다. 자녀가 충분한 휴식을 취하지 못하고 밤늦게까지 학원에서 공부한다면, 신체와 정신이 모두 지쳐 학습 효과가 떨어질 수밖에 없습니다.

또한 학원 순례로 인해 식사를 인스턴트식품으로 때우는 습관은 영양에 악영향을 미칠 수 있습니다. 균형 잡힌 식사가 부족할 경우, 뇌에 필요한 영양소가 충분히 공급되지 않아 학습 능력과 전반적인 건강 상태에 문제가 발생할 수 있습니다. 학습에 있어서는 규칙적인 수면과 건강한 식습관이 무엇보다 중요하며, 이는 장기적인 학습 성취를 위한 필수적인 요소입니다.

자신감과 스트레스 해소

규칙적인 생활 습관을 통해 자녀는 자신이 시간을 효과적으로 관리할 수 있다는 자신감을 얻게 됩니다. 고교학점제에서는 학생이 스스로 교과목을 선택하고 수업을 계획적으로 이수해야 하기 때문에 일정 관리 능력과 자신감이 필수적입니다. 부모는 자녀가 일정을 성공적으로 관리할 때 이를 인정하고 칭찬하는 것이 중요합니다.

고교학점제에 참여하는 학생 중에는 선택한 과목의 학습 난이도와 수행 평가의 준비 과정에서 어려움을 겪는 경우가 많습니다. 이러한 상황에서 부모가 성공적인 시간 관리를 칭찬하고, 어려운 과제를 해결했을 때 작은 보상을 제공한다면, 자녀는 더 큰 자신감을 얻게 됩니다.

예를 들어, "이번 주는 네가 정리한 탐구 과제가 매우 체계적이었어!"와 같은 구체적인 칭찬은 자녀의 노력에 대한 긍정적 피드백으로 작용합니다.

체계적인 시간 관리

중학교 2학년인 소희는 평소 공부를 미루다가 시험 전날 벼락치기고 공부하는 습관이 있었습니다. 그럴 때마다 시험이 끝난 후 항상 피곤했고, 좋은 성적을 받지 못하면 실망감과 스트레스가 뒤따랐습니다. 소희의 부모님은 이러한 패턴이 소희에게 큰 부담을 준다는 것을 깨닫고, 좀 더 체계적으로 시간을 관리할 수 있는 방법을 제안했습니다.

부모님은 먼저 소희와 함께 일주일 단위로 학습 계획표를 작성하기 시작했습니다. 매일 해야 할 과목별 공부량을 적당히 나누고, 저녁 시간에는 하루의 공부 내용을 복습할 수 있는 시간을 배정했습니다. 이를 통해 시험 전날 밤에 몰아서 공부하지 않도록 미리 준비할 수 있게 했습니다.

처음에는 소희도 계획을 잘 지킬 수 있을지 걱정했지만, 부모님의 격려 덕분에 차근차근 해보기로 결심했습니다. 일주일 동안 소희는 매일 조금씩 계획에 맞춰 공부했고, 일주일이 지난 후 부모님은 소희에게 칭찬을 아끼지 않았습니다.

"소희야, 이번 주 동안 계획을 잘 지켰구나! 정말 자랑스러워!"라는 부모님의 칭찬에 소희는 자신감을 얻었고, 작은 간식 보상을 받으며 더 의욕적으로 공부할 수 있었습니다.

규칙적인 생활 습관은 불필요한 스트레스를 줄이는 데도 도움이 됩니다. 자녀가 일정을 미리 계획하고 준비할 수 있도록 조언하면, 시험 전날 밤에 벼락치기 공부를 피하고 적어도 일주일 전부터 차근차근 준비하는 습관을 들이게 됩니다.

AI 기반 학습앱을 활용하여 주요 내용을 반복 학습하거나, 일주일 전부터 계획적으로 공부하는 습관은 스트레스를 크게 줄여줍니다. 이 과정에서 자신의 약점을 분석하고 이를 강화하기 위한 맞춤형 학습을 할 수 있습니다. 이 과정에서 부모는 자녀에게 "지금 필요한 부분에 집중하고 있는 것 같아. 정말 잘하고 있어!"라고 말하며 격려한다면, 스트레스를 덜 느낄 수 있습니다.

학습 과정에서 실천할 수 있는 구체적인 방법

실천 방안	구체적인 방법	효과
일관된 일과 계획 수립	–매일 같은 시간에 기상하고 취침하며, 학습과 휴식 시간을 일정하게 유지하기	–몸과 마음이 안정되어 집중력이 향상되고, 학습 효율이 높아짐
우선순위 설정 및 계획표 작성	–하루 일과를 미리 계획하고, 중요한 과제부터 해결하며 우선순위를 정하기	–중요한 일을 먼저 해결함으로써 성취감을 느끼고, 체계적인 시간 관리 능력이 향상됨
학습 전 준비 운동 및 명상	–학습 전에 간단한 스트레칭이나 짧은 명상을 통해 집중력을 높이기	–긴장을 풀고 마음을 가라앉혀 학습에 더 잘 집중할 수 있게 됨
규칙적인 식사 및 수면 관리	–규칙적으로 식사하고, 매일 충분한 수면을 취하며 수면 시간을 일정하게 유지하기	–신체 리듬이 안정되어 학습 능력이 향상되고, 피로가 줄어들어 학습 지속력이 강화됨
휴식 시간과 학습 시간의 구분	–학습 시간 중간에 짧은 휴식을 포함하여 집중력을 유지하고, 학습과 휴식을 명확히 구분하기	–뇌의 피로를 줄여 장시간 학습 시에도 집중력을 유지할 수 있게 하며, 효율적인 학습 가능

5

지치지 않는 자신을
만드는 셀프 관리법

-자기 관리와 동기 부여-

목표 달성 후에는
스스로에게 작은 보상을 주자

목표를 달성한 후 스스로 작은 보상을 주는 것은 자녀가 학습에 대한 긍정적인 태도를 유지하고, 지속적인 동기 부여를 받을 수 있도록 돕는 중요한 방법입니다. 보상은 자녀가 목표를 이루는 과정에서 느끼는 성취감을 강화시키며, 이를 통해 자녀는 더 큰 도전에 자신감 있게 임할 수 있습니다.

구체적이고 현실적인 목표 설정과 그에 따른 적절한 작은 보상은 자녀에게 학습의 의미를 더욱 명확하게 각인시켜 줍니다. 그리고 이러한 보상의 심리적 효과는 단기적인 만족감을 넘어 장기적인 학습 습관 형성에도 긍정적인 영향을 미칩니다.

자녀는 학습이 보상으로 이어진다는 사실을 경험하면서, 지속적으로 학습에 집중하고 노력하게 됩니다. 이러한 방식을 통해 자녀는 자신의 학습 과정을 관리하고, 꾸준한 학습 습관을 형성하며, 학업 잠재력을 최대한 발휘할 수 있습니다.

즉각적인 긍정 강화

작은 보상은 자녀가 목표를 달성했을 때 즉각적인 긍정 강화의 역할을 하며, 이는 학습 행동을 지속하도록 유도하는 강력한 동기 부여 요소로 작용합니다. 이러한 보상을 통해 자녀는 학습의 결과를 즉각 체감하고, 노력과 성취 사이의 긍정적인 연관성을 구축할 수 있습니다.

부모는 작은 목표를 성취할 때마다 적절한 보상을 제공함으로써 자녀가 학습의 가치를 스스로 깨닫도록 도와야 하며, 학습의 연속성을 유지할 수 있는 환경을 조성해야 합니다. 자녀가 고교학점제에서 어려운 선택 과목을 통해 높은 등급을 목표로 할 경우, 중간 단계마다 성취감을 느낄 수 있는 보상이 필요합니다.

작은 보상의 실천

자녀가 화학 실험 과목에서 실험보고서를 완성하는 것을 단기 목표로 세울 수 있습니다. 매주 목표를 달성할 때마다 부모는 "이번 실험보고서를 보니 정말 성장했구나!"라는 피드백과 함께, 자녀가 즐겨보는 과학 다큐멘터리 시청 시간을 보상으로 제공할 수 있습니다. 이 과정에서 학생은 학습을 단순한 의무로 느끼기보다는 흥미와 성취감을 느끼어 학업을 이어갈 수 있습니다.

작은 보상은 학습의 연속성을 유지하면서도, 과도한 보상으로 인한 부작용을 피할 수 있는 장점이 있습니다. 이러한 보상은 자녀에게 부담을 주지 않으면서도, 학습에 대한 긍정적인 동기를 지속적으로 유지하게 합니다.

목표 설정과 동기 부여

작은 보상은 자녀가 목표를 설정하고 이를 달성하기 위해 노력하는 과정에서 강력한 동기 부여 요소로 작용합니다. 자녀는 목표를 달성했을 때의 보상을 기대하면서 더욱 열심히 학습하게 되며, 이 과정에서 성취감을 느끼고 자기 효능감을 높이게 됩니다. 이는 학습에 대한 긍정적인 태도를 유지하고, 장기적으로 자녀의 자기 주도적 학습 능력을 발전시키는 중요한 계기가 됩니다.

AI 기반 학습앱을 활용한 실시간 목표 관리

AI 기반 학습앱에서 제공하는 학습 플래너를 활용해 자녀가 매주 "영어 단어 50개 암기" 또는 "수학 문제 20문제 풀이"와 같은 세부 목표를 설정할 수 있습니다. 목표를 달성하면 AI 시스템에서 축하 메시지가 뜨거나, 부모가 30분의 자유 시간을 보상으로 주는 식으로 학습 동기를 강화할 수 있습니다. 이를 통해 디지털 도구를 활용하여 목표 달성에 대한 책임감을 느낄 수 있습니다.

부모는 자녀와 함께 위의 표의 예시처럼 구체적이고 현실적인 목표를 설정하는 데 중점을 두어야 합니다. 목표가 명확할수록 자녀는 자신의 성취를 분명히 인식할 수 있고, 보상 체계 또한 효과적으로 작동합니다. 이런 실천 방식은 단순히 목표를 이루는 것에 그치지 않고, 목표 설정과 달성을 반복하는 경험을 통해 자녀의 자기효능감을 강화하는 데 기여합니다.

목표를 설정하는 과정에서 부모는 자녀와 열린 대화를 나누어야 합니다. 단순히 목표를 강요하는 것이 아니라, 자녀가 학습의 원리와 과정을 이해할 수 있도록 돕는 것이 중요합니다. 자녀가 목표를 설정하는 데 주체적으로 참여하고, 이를 달성했을 때 느끼는 성취감이 왜 중요한지 깨닫게 되면, 자녀는 학습에 대한 새로운 태도와 동기를 갖게 됩니다.

보상의 심리적 효과

작은 보상을 받는 경험은 자녀의 자기 결정감을 높이고 학습 동기를 강화하는 데 매우 효과적입니다. 자녀가 스스로 설정한 목표를 달성하고, 그에 대한 보상을 받는 경험은 자신의 노력이 성과로 이어진다는 것을 직접 체감하게 해줍니다.

이를 통해 자녀는 학습의 주도권을 스스로 쥐고 있다는 느낌을 받으며, 학습에 대한 만족감과 긍정적인 태도를 형성할 수 있습니다. 특히 고교학점제와 AI 기반 학습앱과 같은 새로운 학습 환경에서 이러한 보상 체계는 더 큰 효과를 발휘합니다.

이 과정에서 자녀는 자신의 노력과 성과가 직접적으로 연결되어 있다는 사실을 깨닫고, 학습에 대한 긍정적인 태도를 형성하게 됩니다. 이러한 경험은 자녀가 스스로 목표를 세우고 달성하려는 자기 주도적 학습 태도를 길러주는 중요한 요소로 작용합니다.

작은 보상을 활용한 실천 계획

*구체적인 보상계획 설계 : 자녀와 함께 매주 또는 매일 구체적인 목표를 설정하고 이를 달성했을 때 제공할 작은 보상을 정합니다.
*시각화 도구 활용 : 학습 목표와 보상 계획을 플래너나 화이트보드에 시각적으로 표시해 성취 과정을 명확히 보여줍니다.
(예시) 플래너에 목표를 달성했을 때 스티커를 붙이거나, AI 기반 학습앱의 데이터와 연결해 학습 성취도를 시각화합니다.
*즉각적인 긍정 피드백 제공 : 자녀가 목표를 달성하면 구체적으로 칭찬하며 보상을 제공합니다.
(예시) "오늘 영어 단어를 다 외웠구나! 정말 대단해. 너의 꾸준함이 분명 좋은 결과로 이어질 거야."

작은 보상은 자녀에게 긍정적인 피드백을 제공하는 효과적인 수단이 됩니다. 자녀는 자신의 노력이 인정받고 있다는 느낌을 받으며, 이는 학습 동기를 크게 높여줍니다. 이러한 보상은 자녀가 학습에 더 많은 시간과 노력을 기울이게 만드는 심리적 동기를 제공합니다. 자녀는 성취를 통해 얻는 만족감과 함께, 그 성취가 인정받는 경험을 반복하게 되면, 학습에 대한 내재적 동기가 강화되고, 자연스럽게 학습에 몰입하게 됩니다.

학습 과정에서 실천할 수 있는 구체적인 방법

실천 방안	구체적인 방법	효과
명확한 목표 설정	−자녀와 함께 구체적이고 달성 가능한 목표 설정	−명확한 목표로 자녀의 학습 동기가 강화되고, 목표 달성 시 성취감을 즉각적으로 느낄 수 있음
소규모 단계 목표 설정	−큰 목표를 여러 소규모 단계로 나누어 실행	−큰 목표를 분할해 달성 가능성을 높이며, 자주 목표 달성 경험을 통해 성취감을 축적하고 동기 부여를 지속적으로 제공
즉각적인 작은 보상	−목표 달성 후 바로 간식, 30분의 자유 시간, 좋아하는 활동과 같은 작은 보상 제공	−즉각적인 보상으로 자녀의 동기 부여가 강화되고, 학습에 대한 긍정적인 감정을 형성함
성공 경험 기록	−목표 달성 시마다 작은 성공 경험을 기록하거나 체크리스트에 표시	−자녀의 성취 기록을 시각화하여 자기 효능감을 강화하고, 목표 달성에 대한 성취감을 구체적으로 느끼게 해줌
학습 원리 설명	−자녀와 대화를 통해 학습의 중요성과 원리 설명	−자녀가 학습의 본질과 목적을 이해하며, 학습을 의무가 아닌 자기 발전을 위한 도전으로 인식하게 함

| 부모와 함께 소통으로 성장하는 학습 전략

실천 방안	구체적인 방법	효과
피드백과 격려 제공	−자녀가 목표를 달성하지 못했을 때, 실패의 원인에 대한 피드백을 주고, 다음 목표에 도전하도록 격려	−실패를 긍정적인 배움의 기회로 전환하여 자녀가 실패에도 불구하고 다시 도전하는 태도를 기를 수 있음
학습 환경 최적화	−자녀가 공부하기 좋은 환경을 제공하고, 적절한 시간 관리 지원	−집중력 향상과 꾸준한 학습 습관 형성, 자녀의 시간 관리 능력을 높여줌
장기 목표와 보상 제시	−장기적으로 성취해야 할 목표에 대해 논의하고, 큰 성과에 대해서는 특별한 보상을 제시	−장기적인 목표와 보상을 설정함으로써 자녀가 학습을 지속할 수 있는 동기와 기대감을 유지하도록 도움
자기 반성 시간 제공	−매주 또는 매달 학습 성과에 대한 자기 평가와 반성을 할 수 있는 시간 마련	−자기 반성을 통해 학습 과정의 문제를 스스로 인식하고 개선할 수 있게 하며 자율적 학습 능력을 향상시킴

적극적으로 질문하고
답을 찾는 과정이 중요해

의문이 없는 공부는 진정한 공부가 아닙니다. 공부하다 보면 자연스럽게 궁금증이 생기고, 자신의 생각과 다른 내용이 나타나기도 합니다. 이러한 상황에서 꼼꼼하게 따져보고 질문하는 것이야말로 올바른 학습 과정입니다.

질문하려면 먼저 깊이 생각해야 하고, 의문이 생기면 더 많이 고민하게 됩니다. 질문을 통해 사고력이 향상되기 때문에, 이는 학력 향상의 중요한 바탕이 됩니다. 부모가 자녀와의 대화를 통해 이를 이해시키고, 자녀가 학습에 임하는 태도와 각오를 바르게 세우는 것은 그들의 학업 잠재력을 최대한으로 발휘하게 하는 중요한 과정입니다.

이러한 과정을 통해 자녀가 단순히 주어진 정보를 받아들이는 것에서 벗어나 능동적으로 학습에 임하고, 변화하는 교육 환경에 적응하는 능력을 갖추게 됩니다. 호기심과 질문을 통해 스스로 탐구하는 자세를 키우는 것은 단순한 학습 성취 이상의 효과를 가져오며, 중학교나 고등학교뿐 아니라 미래에도 큰 자산이 될 것입니다.

호기심과 학습의 연관성

호기심은 학습의 원동력입니다. 심리학 연구에 따르면, 호기심이 높은 학생은 학습에 더 깊이 몰입하고, 더 많은 정보를 습득하며, 이를 더 오래 기억합니다. 이는 새로운 지식을 얻는 과정에서의 즐거움을 느끼기 때문입니다. 자녀가 호기심을 가지고 학습에 임하게 된다면, 더 많은 정보를 효과적으로 습득하게 되어 학습의 효율성이 높아집니다.

호기심은 새로운 정보를 기존 지식과 연결하고 조직화하는 데 도움이 됩니다. 이는 정보를 더 잘 기억하고, 필요할 때 효과적으로 인출하는 데 유리합니다. 호기심이 발동할 때, 학습자는 정보를 깊이 처리하게 되며, 이는 장기 기억에 정보를 더 효과적으로 저장하는데 기여합니다.

호기심과 질문을 통해
학습을 깊이 있게 이해하기

호기심은 단순한 관심을 넘어 학습의 동기이자 핵심 원동력입니다. 특히 고교학점제가 시행됨에 따라 학생들은 자신이 관심 있는 분야에서 과목을 선택하고 학습해야 하므로, 스스로 흥미를 가지고 탐구하는 태도가 매우 중요해졌습니다.

예를 들어, 고등학교에서 수학과 과학을 선택한 학생이 있다고 가정해 보겠습니다. 이 학생이 물리 시간에 "왜 물체가 지면에 떨어질 때 가속도가 생기는가?"라는 질문을 스스로 던지게 되면, 이를 이해하기 위해 기초 물리 지식은 물론 고급 개념까지 스스로 파고들며 학습의 깊이를 더할 수 있습니다. 이때 부모님은 단순히 답을 알려주는 대신, "그럼 다른 물체도 같은 원리일까?"라며 자녀가 더 깊이 생각하도록 격려하는 역할을 할 수 있습니다.

함께 탐구하고 실험하기

초등학교 6학년인 지우는 자연 현상에 대한 호기심이 많아 항상 "왜?"라는 질문을 던집니다. 어느 날 지우는 집에서 식물의 성장을 관찰하면서, "왜? 식물은 빛이 있어야 자랄까?"라는 질문을 하게 되었습니다.

부모는 그저 답을 알려주기보다는 함께 실험을 해보는 방식을 제안했습니다. 지우는 창가에 식물 두 개를 놓고, 하나는 햇빛을, 다른 하나는 어두운 곳에 두었습니다. 며칠 후, 지우는 스스로 실험 결과를 통해 빛의 중요성을 깨닫게 되었고, 이 과정을 통해 호기심이 더욱 증폭되었습니다.

적극적으로 질문하고, 답을 찾는 과정은 자녀에게 학습의 내재적 동기를 부여합니다. 답을 찾는 과정을 통해 문제 해결 능력과 비판적 사고력을 기를 수 있습니다. 부모와 자녀 간의 대화에서 질문의 중요성을 강조하면 자녀의 학습 성취를 높여 줄 수 있습니다. 자녀는 학습 과정에서 단순히 주어진 정보를 수동적으로 받아들이는 것보다 훨씬 더 능동적인 학습을 촉진합니다.

AI 기반 학습 시대에 맞춘 질문의 중요성

AI 기반 학습 도구가 도입되면서, 학생들은 다양한 디지털 자료와 상호 작용을 통해 학습할 수 있게 되었습니다. AI는 학생의 이해도를 분석해 부족한 부분을 보완해 주기도 하지만, 학생이 적극적으로 질문하지 않으면 AI가 제공하는 정보가 한정적일 수밖에 없습니다.

예를 들어, 과학 교과서에서 물의 순환에 대해 설명할 때, 학생이 "왜 물의 순환이 지속적으로 일어날까?"라는 질문을 던지면 AI는 구체적인 대답을 제시하거나 관련 자료를 제시하여 이해를 돕습니다. 이처럼 AI는 학습에 도움을 주지만, 그 도움을 최대화하기 위해서는 자녀가 먼저 질문을 던지고 깊이 탐구하려는 태도가 필요합니다.

자료를 찾고 발표하기

중학교 3년인 수현이는 역사 과목에서 "프랑스 혁명"에 대해 배우다가 궁금증이 생겼습니다. 혁명이 어떻게 시작되었는지, 그 배경에 대해 더 알고 싶었지만, 교과서에서 제공하는 정보는 제한적이었습니다. 수현의 부모는 그가 더 깊이 탐구할 수 있도록 지원해 주기로 했습니다.

수현이는 부모님께 "왜 프랑스 사람들이 왕을 몰아내려 했던 거예요?"라고 질문했습니다. 부모님은 수현에게 답을 직접 알려주는 대신, "그 질문에 답하기 위해 혁명이 일어나기 전 프랑스 상황을 조사해 보면 어떨까?"라고 제안했습니다.

수현이는 이 제안을 받아들였고, 며칠 동안 도서관에서 책을 빌리고 인터넷을 통해 자료를 찾아 프랑스 혁명의 배경을 탐구했습니다. 그는 프랑스의 재정 위기, 계층 간의 불평등, 그리고 계몽사상과 같은 요소들이 혁명의 주요 원인임을 알게 되었습니다.

이후 수현이는 부모님 앞에서 자신의 조사 내용을 발표했습니다. 그는 혁명의 경제적, 사회적 배경을 설명하며, 왜 프랑스 국민들이 왕에 대해 반감을 가졌는지를 논리적으로 풀어나갔습니다. 수현의 발표가 끝난 후, 부모님은 "그렇다면, 당시 다른 나라들도 같은 상황이었을 텐데 왜 프랑스에서만 혁명이 일어났을까?"라는 질문을 던졌습니다. 이 질문은 수현에게 더 깊이 생각할 기회를 주었고, 그는 프랑스의 독특한 정치 구조와 국민의 불만이 격화된 이유에 대해 추가로 고민하게 되었습니다.

부모가 자녀와의 대화에서 적극적으로 질문하고 답을 찾는 과정의 중요성을 강조하면, 자녀는 학습의 내재적 동기를 부여받게 됩니다. 이 과정에서 자녀는 단순히 주어진 정보를 수동적으로 받아들이는 것이 아니라 능동적으로 학습에 임하게 됩니다.

또한 자녀가 질문하고 답을 찾는 과정에서 자녀는 자신의 지식의 격차를 인식하고, 이를 메우기 위해 능동적으로 탐구하는 자세를 갖게 됩니다. 이러한 노력은 학습 능력을 극대화하고 지속적으로 학습에 동기를 부여하는 중요한 역할을 합니다. 궁극적으로, 자녀가 학습의 주체가 되어 지식을 확장하고 깊이를 더할 수 있도록 돕습니다.

심화 주제 탐구

고등학생에게는 심화된 주제를 탐구하게 하는 것이 좋습니다. 예를 들어, 특정 과학적 이론이나 수학적 개념을 이해하는 데 어려움을 겪을 때, 부모는 구체적인 문제를 제시하고 그 문제를 해결해가는 과정을 통해 스스로 답을 찾도록 격려해야 합니다.
"왜 이 공식이 적용되는 걸까?"와 같은 질문을 던지고, 자녀가 스스로 자료를 찾아보고 이해할 수 있도록 지도합니다. 학습 내용을 부모에게 설명해보게 하면서 사고를 확장시키는 것도 좋은 방법입니다.

자녀에게 적극적으로 질문하고 답을 찾는 과정의 중요성을 대화를 통해 각인시키는 것은 자녀가 학습의 주도권을 가지게 하는 데 큰 도움이 됩니다. 그 결과, 자녀는 호기심과 탐구 정신을 바탕으로 문제를 해결하고 비판적으로 사고하는 능력을 키울 수 있습니다. 이와 같은 태도와 각오로 학업에 임하게 될 때, 자녀의 학업 잠재력은 폭발적으로 발휘될 것입니다.

문제 해결 능력과 비판적 사고력

질문하고 답을 찾는 과정은 문제 해결 능력과 비판적 사고력을 향상시키는 데 중요한 역할을 합니다. 이 과정에서 자녀는 다양한 관점에서 문제를 바라보고, 여러 가지 해결책을 모색하며, 논리적이고 체계적으로 사고하는 방법을 배우게 됩니다.

고대 철학자 소크라테스는 질문을 통해 사람들의 생각을 이끌어 내는 방식으로 지식을 탐구했습니다. 이는 오늘날에도 중요한 교육 방법론으로 인정받고 있습니다. 교육심리학자인 제롬 브루너(Jerome Bruner)의 '발견학습이론'에서도 학생들이 스스로 지식을 발견하는 과정에서 학습이 더 효과적이라고 주장하며, 이 과정에서 질문의 중요성을 강조합니다.

학습자가 자신의 학습 과정을 인식하고 조절하는 능력인 메타인지는 질문을 통해 활성화됩니다. 자녀가 자신이 무엇을 모르는지 깨닫고, 어떻게 배울지 계획하며, 학습의 효과를 모니터링하고 평가하는 데 관심을 가지는 것은 학습의 효과를 극대화하는데 매우 중요합니다. 적극적으로 질문하고 답을 찾는 과정은 자녀가 학습 내용을 깊이 이해하게 하고, 이를 다양한 상황에 응용할 수 있도록 돕습니다.

대학 시험 변화에 따른 능동적인 학습 태도의 필요성

입시 제도가 변화하면서 수능뿐만 아니라 학생부 종합전형에서 창의적 사고와 문제 해결 능력이 요구되고 있습니다. 이때 적극적인 질문과 답을 찾는 능력은 창의적 사고를 촉진하고, 면접과 같은 입시 상황에서도 큰 도움이 됩니다.

예를 들어, 자녀가 고등학교에서 "기후 변화와 에너지 문제"라는 주제로 보고서를 작성하고 있다고 가정해 보겠습니다. 자녀가 "기후 변화가 왜 생기며, 우리가 할 수 있는 대안은 무엇일까?"라는 질문을 던져 본다면, 단순히 학교에서 배운 지식을 넘어 관련 자료를 찾고 깊이 탐구하게 됩니다.

이 과정에서 자녀는 기후 변화와 관련된 다양한 관점들을 탐구하고, 그 이해를 바탕으로 문제 해결을 위한 새로운 아이디어를 고민하게 될 것입니다. 이런 태도는 수시 면접 등에서 논리적인 사고와 문제 해결 능력을 어필할 수 있는 기반이 됩니다.

다양한 관점에서 문제를 바라보는 태도는 학습 내용을 더욱 깊이 있게 이해하고, 이를 여러 맥락에서 응용할 수 있는 자신감을 심어줍니다.

서울대와 연세대의 수시 면접에서는 수학 제시문을 주고 문제를 풀게 하는데, 수학 문제를 푸는 과정에서 단순히 정답을 찾는 것에 그치지 않습니다. 면접 과정에서 "왜 이 방법이 맞는가", "다른 방법은 없는가" 등의 질문을 통해 학생들이 문제를 다양한 관점에서 분석하도록 유도합니다. 이는 학생들이 문제를 깊이 이해하고, 창의적인 해결책을 모색할 수 있는 능력을 평가하기 위함입니다. 이러한 과정을 통해 만족스러운 평가를 받은 학생들이 박사학위까지 수료하고, 별다른 어려움 없이 교수가 된 사례도 많습니다.

질문 습관

고등학생인 상훈은 수학에 대한 두려움이 있었습니다. 수업 시간에 다루는 문제들이 점점 더 복잡해 지면서 자신감을 잃어가고 있었습니다. 하지만 그의 부모는 그런 상훈에게 긍정적인 영향을 주기 위해 노력했습니다. 특히 상훈의 아버지는 매일 저녁 식사 후에 수학 문제를 함께 풀기를 제안했습니다.

"오늘 학교에서 어떤 문제가 나왔어?"라고 아버지가 묻기 시작했습니다. 처음에는 상훈이 당황했지만, 아버지는 그의 답변을 듣고 이어서 질문했습니다. "그 문제를 어떻게 풀었어? 너의 생각을 말해 줄 수 있어?" 이렇게 질문이 이어지면서 상훈은 자신의 생각을 정리하고 문제를 풀이하는 과정을 설명하게 되었습니다.

어느 날, 복잡한 미적분 문제를 풀던 중 상훈은 아버지에게 "이 문제는 어떻게 접근해야 할까요?"라고 질문했습니다. 아버지는 직접 해결책을 제시하는 대신, "너는 어떻게 생각해? 이 문제를 풀기 위해 어떤 방법을 사용할 수 있을까"라고 다시 질문했습니다. 그러자 상훈은 스스로 한 번 문제를 분석하고 접근 방식을 찾으려 했습니다.

결국 상훈이는 자신의 방식으로 문제를 해결하는데 성공했고, 그 성취감은 큰 자신감을 안겨주었습니다.

학습의 즐거움과 지속 가능성

학습 과정에서 즐거움을 느끼는 것은 장기적인 학습 동기 부여에 매우 중요합니다. 부모가 점수나 칭찬과 같은 외재적 보상에 치우치는 것은 일시적인 동기 부여에 그치기 쉽습니다. 외재적 동기는 보상이 없을 때 동기 부여가 감소하여 학습에 대한 흥미를 잃게 되는 경우가 많습니다. 이러한 상황에서는 아무리 사교육에 투자하더라도 큰 효과를 보기 어려울 수 있습니다.

흥미와 호기심

초등학생인 민수는 과학 시간에 선생님이 내준 '로켓 만들기' 프로젝트에 참여하게 되었습니다. 민수는 평소 과학에 큰 흥미를 느끼지 않았지만, 로켓이라는 단어에 호기심이 발동되었습니다. 선생님은 간단한 재료로 로켓을 만드는 법을 설명해 주며, 물리 법칙이 어떻게 로켓의 발사 원리에 적용되는지 간단히 설명했습니다. 민수는 설명을 듣는 동안, 로켓이 하늘로 날아가는 모습을 상상하며 한껏 기대에 부풀었습니다.

프로젝트는 팀별로 진행되었고, 민수는 친구들과 함께 로켓을 설계하고 만들기 시작했습니다. 처음에는 단순히 선생님의 지시대로 로켓을 조립했지만, 작업하면서 민수는 궁금증이 생기기 시작했습니다. "왜 로켓이 하늘로 올라갈까?" "로켓이 더 멀리 날아가려면 어떻게 해야 할까?" 같은 질문이 머릿속에 떠오르자, 민수는 이를 직접 알아보기 위해 더 깊이 탐구하기 시작했습니다.

집에 돌아온 민수는 인터넷을 검색하고, 책에서 로켓의 발사 원리와 관련된 자료를 찾아보았습니다. 아버지에게도 로켓에 대해 질문했고, 아버지는 민수와 함께 실험 영상을 보며 더 많은 정보를 제공해 주었습니다. 민수는 특히 뉴턴의 제3 법칙, 즉 '작용-반작용의 법칙'이 로켓 발사에 어떻게 적용되는지에 대해 흥미를 느꼈습니다. 그는 실험 중 물이 얼마나 많이 들어가야 로켓이 더 높이 올라갈지, 발사 각도가 결과에 어떤 영향을 미치는지를 시험해보고 싶어졌습니다.

민수는 무엇이든 해낼 수 있다는 자신감을 갖게 되었습니다. 민수는 더 많은 실험을 하고 싶다는 생각이 들었고, 스스로 새로운 과제를 찾는 데 흥미를 느꼈습니다.

자녀가 특정 주제나 활동에 대해 흥미나 호기심을 느끼면 그 자체로 동기 부여가 됩니다. 이는 학습을 자발적으로 지속하게 만들며, 때로는 과도한 학업 몰입을 걱정할 정도로 학습에 몰두하게 됩니다.

도전 의식과 같은 내재적 동기는 도전적인 과제를 해결하는 과정에서 성취감과 만족감을 느끼게 합니다. 어려운 문제를 해결했을 때의 성취감은 자녀가 계속해서 도전하고 성장하게 만듭니다.

적극적으로 질문하고 답을 찾는 자세

자녀와의 대화에서 부모님이 먼저 "어떤 점이 궁금해?" 혹은 "왜 그렇게 생각했어"와 같은 질문을 통해 자녀의 생각을 이끌어 내는 것이 중요합니다. 예를 들어, 자녀가 역사 공부를 하고 있다면 "이 사건이 현재에 미친 영향은 뭐라고 생각하니?"라는 질문을 던져 보세요.

자녀는 이 질문에 답을 찾기 위해 자신의 생각을 정리하고 더 깊이 탐구하게 될 것입니다. 이를 통해 자녀는 자신의 생각을 확장하고 정리하는 훈련을 하게 되며, 이는 고교학점제의 선택 과목 학습과 입시 제도 변화에 매우 중요한 사고력으로 이어질 것입니다.

성취감과 도전

중학생인 지현은 항상 수학을 어려워했습니다. 특히, 단순한 계산보다 복잡한 문제를 풀 때면 긴장이 되곤 했습니다. 그러던 어느 날, 수업 시간에 선생님이 내준 숙제 중 하나는 그녀에게 큰 도전이 되었습니다. 문제를 고등학교 수학에서 다루는 연립방정식이었고, 많은 친구들이 이 문제를 푸는 데 어려움을 겪고 있었습니다. 지현은 처음에는 그 문제를 보고 두려움을 느꼈지만, 포기하지 않고 차근차근 접근하기로 결심했습니다. 그녀는 방정식을 단계별로 나누어 풀어보았고, 머릿속에서 수학들을 다시 정리하면서 여러 번 시도했습니다. 결국 몇 차례의 시도 끝에, 지현은 문제를 해결하는 데 성공했습니다. 그 순간 느낀 성취감은 이루 말할 수 없었습니다.

"나도 할 수 있구나!"라는 생각이 스쳐 지나갔고, 이는 그녀의 자신감을 크게 높였습니다. 이후 지현은 수학이 더이상 두려운 과목이 아니라 도전할 가치가 있는 과목으로 바뀌었습니다. 그녀는 새로운 문제들을 더 많이 시도하기 시작했고, 학습에 대한 긍정적인 태도를 유지하게 되었습니다.

부모는 자녀에게 적극적으로 질문하고 답을 찾는 과정을 습관화하도록 유도하며, 학습 자체를 즐길 수 있도록 메시지를 전달하는 것이 좋습니다. 자녀가 학습을 재미있고 흥미로운 탐구 활동으로 인식하게 되면, 자발적으로 학습에 몰입하게 됩니다. 이는 외부의 압력이 없이도 자발적으로 학업 성취도를 높이는 중요한 요소입니다.

상위권 학생이 노트에 그날 학교에서 공부한 내용 중 질문한 내용을 노트에 기록하는 모습을 종종 볼 수 있습니다. 교과 내용에 대해 질문을 하기 위해서는 수업 시간에 집중해서 들어야 하고, 들은 내용을 잘 이해하고 있어야 가능하기 때문입니다. 집에 도착하면 부모가 질문의 내용을 체크한다는 것이었습니다. 결국, 단순히 지식을 전달받는 것이 중요한 것이 아니라 스스로 문제 의식을 가지고 사고력을 발휘했는가가 가치 있는 학습이라는 것을 자각해야 합니다. 이러한 학생을 보면, 그들의 부모가 얼마나 훌륭한 생각을 가지고 있는지 짐작할 수 있습니다.

따라서 자녀에게 적극적으로 질문하고 답을 찾는 과정을 중시하며 자신감을 키워주고 긍정적인 학습 태도를 유지하게 하는 것은 높은 학업 성취도를 달성하는 데 필수적입니다. 자녀의 학습 과정에서 호기심과 수준 높은 탐구 정신을 장려하는 것은 큰 도움이 됩니다.

이러한 접근은 자녀가 학업에 대한 노력을 인정받고, 지속적으로 동기 부여를 받아 더 높은 학업 성취를 이루는 데 중요한 역할을 합니다. 이러한 태도를 형성해 주는 것이야말로 부모의 중요한 역할이자 역량입니다.

학습 과정에서 실천할 수 있는 구체적인 방법

실천 방안	구체적인 방법	효과
질문 목록 작성하기	−공부 중 떠오르는 궁금증이나 의문점을 즉시 기록하여 목록을 만듦	−사고력을 자극하고, 복습 시 주요 포인트를 놓치지 않게 함
자기 설명하기	−학습한 내용을 스스로에게 설명하거나 다른 사람에게 가르치는 방식으로 공부함	−이해를 깊게 하고, 모호한 부분을 발견해 보완할 수 있음
다양한 접근법 시도하기	−문제 해결 시 한 가지 방법에만 의존하지 않고, 여러 가지 접근 방식을 시도함	−문제에 대한 깊은 이해와 창의적인 해결책을 모색할 수 있음
피드백 활용하기	−학습 후 스스로 혹은 타인으로부터 피드백을 받아 잘못된 부분을 수정함	−실수를 통해 배우고, 학습의 질을 높일 수 있음
학습 목표 설정하기	−하루 또는 한 주의 학습 목표를 구체적으로 설정하고, 달성 여부를 점검함	−학습 방향성을 잡고, 성취감을 높여 지속적인 학습 동기 부여
연관성 찾기	−새로 배운 개념을 기존 지식과 연결 짓거나, 실생활 사례와 연관시킴	−학습한 내용을 더 오래 기억하고, 실제 상황에 응용할 수 있음
복습 주기 설정하기	−학습한 내용을 주기적으로 복습하는 계획을 세움	−학습 내용을 장기 기억으로 전환하고, 망각을 방지함
학습 일지 작성하기	−매일 학습한 내용과 느낀 점을 기록하여 반성하는 시간을 가짐	−자기 주도적 학습 태도를 기르고, 학습 패턴을 분석할 수 있음

| 부모와 함께 소통으로 성장하는 학습 전략

너의 끈기와 인내가 결국
성공의 열쇠가 될 거야

포기하지 않는 힘, 끝내 이뤄내는 비결

끈기와 인내는 학습에서 장기적인 성취를 이루는 데 필수적인 요소입니다. 자녀에게 이러한 노력의 중요성을 강조하고, 그들이 학습에서 직면하는 어려움을 극복할 수 있도록 지속적으로 격려하는 것은 매우 중요합니다. 이 과정에서 자녀는 자기 효능감이 높아지고, 성장 마인드셋을 기르게 되며, 문제 해결 능력 또한 향상됩니다.

결국, 이러한 격려는 자녀가 학업에 대해 긍정적인 태도를 유지하고, 학업 잠재력을 최대한 발휘할 수 있도록 돕는 중요한 역할을 합니다.

끈기와 인내의 중요성

장기적인 학습 목표를 달성하는데 끈기와 인내는 핵심적인 덕목입니다. 명문대 진학에 성공한 많은 학생은 학습 과정에서의 예상

치 못한 난관과 좌절을 극복하고, 목표를 이루기 위해 꾸준히 노력한 사람들입니다.

심리학자인 캐럴 드웩(Carol S. Dwrck)의 연구에 따르면, 성장 마인드셋을 가진 사람들은 실패를 학습과 성장의 기회로 받아들입니다. 이들은 끈기와 인내를 통해 지속적으로 노력하며, 마침내 자신이 설정한 목표에 도달합니다.

특히, 고교학점제와 같이 자율성과 자기 주도적 학습이 강조되는 환경에서는 학생들이 선택한 과목에서 어려움을 느낄 때 포기하지 않고 꾸준히 학습할 수 있는 마음가짐이 필수적입니다.

예를 들어, 자녀가 심화 수학 과목을 선택했지만, 중간고사 성적이 기대에 미치지 못할 수 있습니다. 부모가 "이번에 부족했던 부분은 꾸준히 보완할 수 있어. 네가 선택한 만큼 더 성장할 기회가 많을 거야"라고 격려하면, 자녀는 실패를 성장의 기회로 받아들이고 더 큰 끈기로 학습에 임할 가능성이 높아집니다.

끈기와 인내의 결실

> 고등학교 2학년인 주형은 목표가 명확했습니다. 명문대 진학을 정시전형으로 진학하기를 꿈꾸며 매일 꾸준히 수능을 공부해 왔지만, 성적이 기대만큼 오르지 않아 좌절감을 느끼고 있었습니다. 특히 수학은 그에게 가장 큰 장애물이었습니다. 매일 밤늦게까지 문제를 풀어도 성적은 제자리였고, 주형은 자신이 수학에 재능이 없다고 생각하며 포기하고 싶은 마음이 들기도 했습니다. 수포자가

되어 수학을 반영하지 않는 대학으로 한 단계 대학 수준을 낮추고 싶은 마음이 가득했습니다.

그때 주형의 부모님은 주형과 함께 대화를 나누었습니다. 부모님은 주형이 겪고 있는 고민을 이해했고, 이렇게 말했습니다. "주형아, 중요한 건 지금 당장 성적이 오르느냐가 아니라 네가 얼마나 끈기 있게 도전하고 있는가야. 너의 끈기와 인내가 결국 성공의 열쇠가 될 거야. 지금의 어려움은 성장하는 과정에서 꼭 필요한 거란다."

이 말은 주형에게 큰 용기를 주었습니다. 주형은 부모님의 말처럼 더 도전해 보기로 마음을 다잡았습니다. 그는 수학 문제를 푸는 방식을 바꾸기로 했습니다. 단순히 문제를 많이 푸는 것보다, 문제를 깊이 있게 이해하는 데 초점을 맞추었습니다. 예전에 풀었던 문제를 다시 검토하며 왜 틀렸는지, 어떤 개념을 놓쳤는지를 꼼꼼하게 분석했습니다.

주형은 처음에 진전이 느리게 보였지만, 포기하지 않고 꾸준히 학습했습니다. 매일 계획을 세우고, 그 계획을 성취하는 과정을 부모님과 함께 평가했습니다. 매달 자신의 성취를 부모와 함께 점검하고, 작게나마 나아가는 모습을 발견할 때마다 스스로에 대한 자신감이 점점 높아졌습니다.

끈기와 인내는 자신의 능력에 대한 신뢰를 높이고, 자신의 성취에 대한 긍정적인 인식을 강화합니다. 부모가 자녀에게 "노력해서 해낼 수 있다"는 믿음을 심어주면, 자녀는 자기 효능감이 높아지고, 이는 더 큰 동기와 성취로 이어집니다.

AI 기반 학습앱을 활용해 학생의 약점을 실시간으로 분석하고 맞춤형 학습 계획을 제안합니다. 이 과정에서 부모는 "AI 기반 학습 앱을 통해 부족했던 부분을 잘 보완했네. 네가 꾸준히 해내는 모습이 정말 자랑스러워"라고 칭찬함으로써 자녀의 끈기와 자기 효능감을 강화할 수 있습니다.

내재적 동기 강화

끈기와 인내는 외부의 보상 없이도 학습을 지속할 수 있게 해줍니다. 이는 자녀가 자발적으로 문제를 해결하려는 동기를 유지하도록 돕습니다. 외재적 동기보다는 내재적 동기가 학습에 더욱 지속 가능하고 강력한 동기 부여를 제공합니다. 호기심, 도전의식, 흥미와 같은 내재적 동기는 학습을 단순한 의무가 아니라 흥미로운 탐구 과정으로 만들며, 이를 통해 학생들은 어려운 과제에 직면할 때도 지속적인 노력을 기울이게 됩니다.

AI 기반 학습앱을 활용해 학습 프로젝트를 수행한다면, 데이터 분석과 문제 해결 과정에서 끈기 있게 도전하며, 실패를 극복하고 점진적으로 성과를 만들어 내게 됩니다. 이러한 경험은 단순히 지식을 쌓는 데 그치지 않고, AI 시대에 필요한 자기 주도 학습 능력을 키우게 됩니다.

부모가 자녀에게 끈기와 인내의 중요성을 강조하면, 자녀는 실패를 두려워하지 않고 고교학점제에서 심도 높은 과목에서 도전적인 학습 과제에 직면할 때마다 더 큰 노력을 기울이게 됩니다. 이는 학업뿐만 아니라 대학 생활, 나아가 사회에서의 성공에도 긍정적인 영향을 미칩니다.

끈기의 원동력

초등학교 4학년인 유진이는 수학에서 난관에 부딪혔습니다. 유진은 학교에서 새로운 수학 개념인 '분수의 덧셈'을 배우던 중 이해가 잘되지 않아 어려움을 겪었습니다. 문제를 풀어도 자꾸 틀리기 일쑤였고, 그럴 때마다 점점 자신감을 잃어갔습니다. 매번 부모님께 도움을 청하고 싶었지만, 유진은 스스로 해내고 싶은 마음도 있었습니다.

유진의 엄마는 유진이 노력하는 모습을 알고 있었습니다. 그래서 어느 날, 유진이 수학 숙제를 하는 도중, 엄마는 유진에게 조언을 해주었습니다. "유진아, 실패해도 괜찮아. 중요한 건 너의 끈기와 인내야. 계속 도전하다 보면 분명히 이해하게 될 거야. 포기하지 않고 계속해보는 게 너의 가장 큰 힘이 될 거야."

이 말은 유진에게 큰 힘이 되었습니다. 유진은 문제를 틀려도 다시 도전하기로 결심했습니다. 매일 조금씩 다시 문제를 풀어보고, 실수를 찾으며 하나하나 해결해 나갔습니다. 처음에는 힘들었지만, 시간이 지날수록 유진은 점점 분수의 개념을 이해하기 시작했고, 마침내 문제를 완전히 해결할 수 있었습니다.

따라서 자녀에게 "너의 끈기와 인내가 결국 성공의 열쇠가 될 거야"라고 말해주는 것은 자녀의 성취를 인정하고, 끈기를 격려하는 중요한 메시지입니다. 이 말은 자녀가 학업에 대해 큰 동기 부여를 받아 학업 잠재력을 최대한 발휘할 수 있도록 돕는 역할을 합니다.

끈기와 인내의 효과

끈기와 인내는 장기적인 학습 목표를 달성하는 데 필수적인 요소입니다. 자신의 노력과 행동이 좋은 결과를 가져올 수 있다고 믿고 노력하는 사람들은 더 높은 동기와 성취를 경험하게 됩니다. 그러므로 자녀에게 끈기와 인내의 중요성을 강조하는 것은 자녀가 자신의 능력을 신뢰하고, 어려운 상황에서도 쉽게 포기하지 않도록 도와줍니다.

"AI와 윤리"라는 주제로 토론 대회에 참여한다고 가정해 본다면, 준비 과정에서 논리적 사고와 데이터 분석 능력의 부족으로 어려움을 겪을 수 있습니다. 하지만 규칙적으로 토론 스크립트를 작성하고 친구들과 모의 토론을 통해 개선점을 찾아낼 수 있습니다.

이 과정에서 디지털 교과서를 활용해 윤리적 논점을 학습하고, 관련 자료를 시각화해 토론 자료로 활용할 수 있습니다. 이러한 노력은 학생부 세부 능력 및 특기 사항에 반영되어 수시전형에서 높은 평가를 받을 수 있습니다.

끈기와 인내의 중요성을 강조함으로써 자녀는 실패를 두려워하지 않고 이를 배움의 기회로 삼는 태도를 기를 수 있습니다. 실패는 성장의 발판이 되며, 이를 통해 자녀는 점점 더 나은 성과를 이루어냅니다. 이는 장기적인 학업 성취뿐만 아니라 긍정적인 학습 태도 형성에도 큰 도움이 됩니다.

큰 성공을 위한 디딤돌

민수는 중학교 시절 특목고 입학을 목표로 열심히 공부했습니다. 과학 경시대회에도 참가해 상위권의 성적을 거두기 위해 노력했으나, 최종적으로 특목고 입학에는 실패하고 말았습니다. 이 결과는 민수에게 큰 실망을 안겨주었지만, 그는 좌절하지 않고 오히려 이 경험을 발판 삼아 더 열심히 공부하기로 결심했습니다.

일반고에 입학한 민수는 자신이 경시대회를 준비하면서 쌓은 지식과 경험을 바탕으로 학업을 이어갔습니다. 그는 그동안의 준비 과정에서 배운 끈기와 인내심을 통해 더욱 어려운 문제도 포기하지 않고 해결하는 능력을 키웠습니다. 반복적인 실패에도 굴하지 않고, 문제를 해결하기 위해 여러 번 도전하면서 점점 더 복잡한 문제를 해결할 수 있는 역량을 갖추게 되었습니다.

고등학교 시절 민수는 꾸준히 전교 상위권 성적을 유지했고, 결국 수시에서 SKY대학 모두에 합격하는 성과를 이루어냈습니다. 특목고에 진학하지 못한 과거의 실패는 이제 더 큰 성공을 위한 디딤돌이 되었고, 민수는 끈기와 인내심이 장기적인 학습 목표를 달성하는 데 얼마나 중요한 역할을 했는지 깨닫게 되었습니다.

끈기와 인내는 지속적인 노력을 통해 문제를 다양한 관점에서 바라볼 수 있는 능력을 길러줍니다. 이는 문제를 논리적으로 분석하고 창의적인 해결책을 모색하는 데 도움을 줍니다. 예를 들어, 수학 문제를 풀면서 새로운 문제 풀이 방법을 배우고, 그 과정에서 즐거움을 느끼는 자녀는 결과에 상관없이 학습에 대한 긍정적인 태도를 유지할 수 있습니다. 이러한 긍정적인 경험은 자녀가 더 어려운 문제를 해결하는데 끈기를 발휘하도록 만듭니다.

따라서 "너의 끈기와 인내가 결국 성공의 열쇠가 될 거야"라는 말은 자녀에게 자신의 노력을 믿고 어려움에 굴하지 않는 태도를 심어주는 중요한 역할을 합니다. 이는 자녀가 지속적으로 학습 동기를 유지하고, 학업 잠재력을 최대한 발휘하도록 돕는 강력한 메시지입니다.

학습 과정에서 실천할 수 있는 구체적인 방법

실천 방안	구체적인 방법	효과
작은 목표 설정과 성취	-학습 목표를 작은 단위로 나누고, 각 목표를 달성할 때마다 스스로에게 보상하기	-성취감을 자주 느끼게 되어 학습 동기가 강화됨. 목표 달성의 경험이 쌓이며 자신감이 향상됨
반복 학습을 통한 문제 해결 능력 향상	-어려운 문제를 여러 번 풀어 보고, 틀릴 때마다 원인을 분석한 후 반복해서 학습하기	-반복적인 시도로 실수를 줄이고, 문제 해결 능력이 강화됨. 더 복잡한 문제도 해결할 수 있는 능력 배양
실수에 대한 긍정적인 인식 형성	-실수를 두려워하지 않고, 오히려 학습의 기회로 삼아 오답 노트를 작성하며 복습하기	-실수를 통해 배우는 자세가 형성되며, 장기적으로 더 높은 성취를 이끌어 냄

실천 방안	구체적인 방법	효과
꾸준한 학습 기록 및 피드백	−매일 학습 진도와 성취를 기록하고, 주기적으로 자신에게 피드백 제공하기	−진척도를 확인하며 꾸준히 학습할 수 있는 동기 부여. 자기 반성을 통해 학습 방법을 개선함
다양한 접근 방식을 통한 사고력 강화	−한 문제를 다양한 방법으로 풀어보고, 각 방법의 장단점을 분석하기	−다양한 접근 방식을 시도함으로써 사고의 폭이 넓어지고, 창의적인 문제 해결 능력 향상

결과보다는 과정이 더 중요해
얼마나 열심히 했는지가 더 큰 의미

노력의 깊이가 성공의 밑거름

사회 전반에서 결과를 중시하는 문화가 자리잡으면서, 자녀들은 치열한 경쟁 속으로 내몰리고 있습니다. 부모와 학생 모두가 성적이나 입시와 같은 눈에 보이는 결과에 집중하며, 그것이 가장 중요한 목표로 여겨지고 있습니다.

그러나 이러한 결과 중심의 문화는 학습 과정에서 얻을 수 있는 중요한 경험과 교훈을 무시하게 만들고, 과도한 스트레스로 인해 정신적, 신체적으로 지치게 할 수 있습니다. 더 나아가, 잘못된 방법으로 목표를 달성했을 때 그 성과가 지속될 수 있을지 의문입니다.

"결과보다는 과정이 더 중요해. 얼마나 열심히 했는지가 더 큰 의미가 있어"라는 말은 자녀에게 긍정적인 학습 태도를 심어주고, 지속적인 동기 부여를 할 수 있게 도와줍니다. 이 말은 자녀가 학습 과정에서 느끼는 작은 성취와 배움을 긍정적으로 받아들이게 하며, 실패를 두려워하지 않고 지속적인 성장을 추구하게 만듭니다. 이는 자녀의 자아 존중감을 높이고, 장기적으로 더욱 발전시킬 수 있도록 돕습니다.

실패를 통한 성장

학습 과정에서 결과보다 과정을 강조하는 이유는 학습 과정 중 피드백과 자기반성이 중요한 역할을 하기 때문입니다. 학습 중간에 교사나 친구로부터 피드백을 받아 자신의 이해도를 확인하고 개선해야 할 부분을 파악하는 것이 중요합니다.

또한 학습이 끝난 후 부모가 자녀와 함께 어떻게 학습했는지, 어떤 부분이 어려웠는지 등을 반성하며 학습 방법을 점검하는 과정도 필수적입니다.

"어떤 부분이 가장 흥미로웠니? 어려웠던 점은 뭐였니?" 같은 질문을 통해 자녀가 자신감을 얻고 개선 방향을 스스로 찾을 수 있도록 유도하는 것이 중요합니다.

심리학자 캐럴 드웩(Carol S. Dwrck)의 연구에 따르면, 성장 마인드셋을 가진 사람들은 실패를 학습과 성장의 기회로 받아들이며, 지속적으로 노력하는 경향이 있다고 합니다. 이들은 단순한 결과보다는 과정을 중시며, 자신의 노력을 통해 능력을 향상시킬 수 있다고 믿습니다.

자녀에게 이러한 태도를 갖도록 격려하는 것이 지속적인 학습과 도전을 가능하게 합니다. 성적이 잘 나오지 않았더라도 학습 과정을 분석해, 그 과정에서 배우고 얻은 교훈을 중심으로 칭찬하고 격려하는 것이 중요합니다.

수능 모의고사에서 낮은 점수를 받았다면 성적에만 집착하기보다는 학습 과정을 분석하고 개선 방향을 찾도록 도와주는 부모의 역할이 필요합니다.

"이번 시험에서 어떤 문제 유형이 가장 어려웠니? 다음엔 어떻게 준비하면 더 잘할 수 있을까?"와 같은 질문을 통해 자녀의 노력을 인정하고, 자기 효능감을 높이는 것이 중요합니다.

실수를 통한 성장

중학교 시기는 보다 복잡한 학습 내용과 시험 대비가 필요한 시기로, 목표 설정과 그에 따른 과정이 매우 중요합니다. 이 과정에서 부모의 적극적인 피드백과 대화는 학생이 학생의 자아 성찰을 통해 학습적으로 성장하는 데 큰 도움이 됩니다.

매일 문제 풀이 후 부모와 함께 문제를 틀린 이유를 분석하며 그 이유를 파악하고, 해당 과정이 왜 중요한지 설명하는 것이 좋습니다. 예를 들어, 1시간 동안 수학 문제를 푼 뒤, 틀린 문제를 분석한 후 부모와 대화하고, 그 후 15분 동안 복습하는 방식입니다.

이때 하루에 한 가지 실수를 선정해 왜 틀렸는지 분석하고, 이를 개선하기 위한 추가 문제를 풀어보는 것이 효과적입니다. 이러한 과정을 통해 문제 해결 능력이 향상될 뿐만 아니라, 실수를 극복하는 긍정적인 태도를 기르면서 자기 효능감도 높일 수 있습니다.

강남에서도 중간고사를 앞두고 내신 준비에 최선을 다하는 학생들이 많습니다. 대치동에서 학원이 끝난 후에도 학교도서관으로 돌아와 다시 공부를 이어가는 학생들을 자주 볼 수 있습니다. 도서관에서 시험 준비에 열중하는 학생들을 보면서, 저는 종종 그들의 모습을 주의 깊게 관찰하게 됩니다.

한번은 매우 좋은 성적을 얻지 못한 한 학생이 "내가 노력해서 이 성적을 얻었구나"라고 말하는 것을 듣게 되었습니다. 비록 성적이 기대에 미치지 못했지만, 그 학생은 자신의 노력을 긍정적으로 받아들이고 있었습니다. 이러한 태도는 다음 시험에서도 꾸준히 열심히 공부하려는 동기로 이어집니다. 실제로 그 학생은 이후 기말시험에서 더 높은 성취를 이루고 긍정적인 학습 태도를 유지하는 모습을 보여주었습니다.

★

노력이 성공의 원인이라는 인식은 자기 효능감을 높여줍니다. 앨버트 반두라(Albert Bandura)가 제시한 자기 효능감 이론에 따르면, 자신의 노력과 행동이 결과를 만들 수 있다고 믿는 사람들은 더 높은 동기와 성취를 보입니다. 실패를 능력 부족으로 돌리는 경우 학습 동기가 저하됩니다.

혹여 자녀가 이러한 생각에 빠져서 어려워하지는 않나 살펴보면서, 자녀가 도전에 직면했을 때 쉽게 포기하지 않나 대화를 통해서 자녀의 잠재력을 인정하고 끈기를 격려하는 태도가 필요합니다.

실패를 성장의 기회로 만들기 위해서는 자아 성찰 일지를 작성하여 실패 경험을 기록하고, 그 원인과 해결 방법을 적는 것이 좋습니다. 또한 실패를 단순히 반성으로 끝내지 말고, 학습 전략을 개선하고 구체적인 실행 계획을 수립해야 합니다. 더불어 다음 시험에서 틀린 문제수를 5개로 줄이는 등 과목별로 작은 목표를 설정해 성취감을 느끼게 하는 것이 중요합니다.

"이번에 시험을 잘 보지 못했지만, 네가 그동안 꾸준히 공부한 노력이 정말 대단해. 어디서 실수를 했는지 함께 분석해 보자. 다음엔 더 잘할 수 있을 거야."

장기적인 목표 설정

고등학교 2학년인 상찬이는 대학 입시를 준비하면서 장기적인 목표를 설정할 필요성을 느끼게 되었습니다. 그는 의대 진학을 목표로 삼았고, 부모님과 함께 장기적인 학습 계획을 세우기로 결정했습니다. 상찬의 부모는 단기적인 목표에만 집중하지 않고 장기적인 계획을 통해 차근차근 준비할 수 있도록 지원해 주기로 했습니다. 부모님은 상찬이의 목표를 기준으로 1년 간의 큰 틀을 설정했습니다. 매달 이루어야 할 학습 성과를 정하고, 그 성과를 달성하기 위한 월별 학습 계획을 구체적으로 세웠습니다. 예를 들어 3월에는 생물학의 특정 단원을 완벽히 마스터하는 것을 목표로, 해당 단원에 대한 심화 문제 풀이와 복습 시간을 배정했습니다. 상찬이는 이 계획을 충실히 따르면서 매달 자신의 학습 진도를 부모님과 함께 점검했습니다.

매달 마지막 주말, 상찬이는 부모님과 함께 한 달간의 학습 성과를 검토하는 시간을 가졌습니다. 부모님은 상찬이 달성한 작은 성과들에 대해 긍정적으로 평가하고, 그 성과가 큰 목표를 달성하는 과정의 일부임을 상기시켜 주었습니다.

예를 들어, 상찬이 어려워했던 유기화학 문제를 해결한 후 부모님은 그 노력을 인정하며, 입시 준비의 중간 목표들이 잘 이루어지고 있음을 칭찬해 주었습니다. 이는 상찬에게 큰 격려가 되었고, 다음 달 학습 계획에 대한 동기 부여로 이어졌습니다.

실패는 학습과 성장의 기회

자녀가 원하는 성적을 얻지 못했을 때, 그 결과를 부정적으로 받아들이지 않고, 성장의 기회로 삼도록 돕는 관심과 배려가 필요합니다.

"얼마나 열심히 했는지가 더 큰 의미가 있어"라는 말을 부모가 자녀에게 진심으로 전할 수 있다면, 자녀는 실패를 통해서도 배울 수 있고, 이는 결국 더 나은 성과로 이어질 것입니다. 이 말은 자녀가 실패를 두려워하지 않고 도전 정신을 가지며, 실패 속에서 배우고 성장할 수 있는 태도를 기르게 합니다.

특히 고교학점제, AI 기반 학습의 시대, 변화하는 입시 환경 속에서 실패는 개선과 도약을 위한 발판이 될 수 있습니다. 고교학점제에서는 학생들이 선택과 과목의 난이도가 다르고, 처음 접하는 과목에서 어려움을 겪는 일이 흔하기에 시험에서 낮은 점수를 받았다면, 이를 단순한 좌절로 끝내지 말고 문제점을 분석하는 것이 필요합니다.

우수한 성적을 유지하는 학생들도 종종 시험 성적이 기대에 미치지 못해 방황하는 시기를 겪습니다. 그러나 이들은 낮은 성적을 기록했을 때, 자신이 무엇을 잘못 이해했는지, 어떤 점에서 부족했는지를 철저히 분석하는 시간을 가집니다. 이러한 과정을 통해 더 나은 학습 방법을 찾고, 문제를 해결할 수 있는 능력을 키우는 데 집중합니다.

3수를 거쳐 결국 의사가 된 제자가 있었는데, 이 학생이 시험에서 만족스럽지 못한 점수를 받을 때마다 어떤 부분을 잘못 이해했는지 파악하고, 그 부분을 다시 공부함으로써 성적을 향상시킬 수 있었습니다. 이처럼 실패를 통해 얻는 교훈이야말로 가장 강력한 학습 도구가 될 수 있음을 보여줍니다.

실패는 자아 성찰의 기회를 제공합니다. 실패를 통해 자신의 한계와 강점을 더 잘 이해하게 되며, 이를 바탕으로 더 나은 계획을 세울 수 있습니다. 시험에서 낮은 점수를 받거나, 문제를 잘못 풀었을 때 이를 부정적으로만 받아들인다면 발전이 없습니다. 현명한 부모들은 자녀와 함께 실수를 분석하고, "다음에는 더 잘할 수 있다"고 격려하며 자긍심을 심어줍니다.

많은 성공한 인물들이 실패를 통해 배웠다는 사례는 많습니다. 토마스 에디슨도 수천 번의 실패 끝에 전구를 발명했습니다.

"나는 실패한 것이 아니라, 전구가 안 되는 1,000가지 방법을 발견한 것이다"라고 말하며, 실패를 실패로 보지 않고, 성공으로 가는 과정의 일부로 보았습니다. 실패는 단지 잘못된 결과가 아니라, 어떤 부분에서 개선이 필요한지를 알려주는 중요한 피드백입니다.

고교학점제와 실패 관리

> □ 시험 후 오답 노트를 통해 구체적인 실수 원인을 파악하고, 부족한 개념을 다시 정리합니다.
> □ 교사와 상담하거나 AI 기반 학습 도구를 활용해 맞춤형 피드백을 받아 실력을 보완합니다.
> □ 학습 계획을 조정하여 반복 학습 시간을 늘리거나, 친구와의 스터디 그룹을 활용해 이해도를 높이는 방법을 시도할 수 있습니다.

스포츠 경기에서 패배한 팀은 경기 후 분석을 통해서 어떤 전략이 실패했는지, 어떤 부분에서 더 연습이 필요한지를 알게 됩니다. 이를 바탕으로 더 나은 전략을 세우고, 훈련을 통해 실력을 향상시킬 수 있습니다. 이러한 과정을 통해 다음에 같은 실수를 반복하지 않고 조치를 취할 수 있습니다. 이러한 피드백은 학습과 성장에 필수적입니다.

AI 기반 학습앱은 학생의 학습 데이터를 기반으로 실수 원인을 분석하고, 맞춤형 피드백을 제공합니다. 예를 들어, 자녀가 수학 문제에서 반복적으로 계산 실수를 한다면, AI는 이를 감지하고 실수 유형에 따른 추가 연습 문제를 제안할 수 있습니다. 부모는 AI가 제공한 데이터를 활용해 자녀와 함께 실수를 점검하고, 구체적인 개선 목표를 세우도록 유도할 수 있습니다.

동기 부여와 자아 존중감

부모는 결과에 집착하기 쉽지만, 당장의 성적에 일희일비하는 짧은 생각보다 멀리 보는 지혜가 필요합니다. 과정에서 느끼는 즐거움과 배움을 강조하면, 자녀가 지속적으로 학습에 긍정적으로 동기부여를 받을 수 있습니다. 작은 성취와 발전이 자녀에게 긍정적인 피드백을 제공하며, 더 큰 목표를 향해 나아가게 만듭니다.

매일 조금씩 새로운 단어를 외우는 과정에서 느끼는 성취감은 결국 영어 독해 실력 향상이라는 큰 목표로 이어질 수 있습니다. 이러한 작은 성공 경험들이 쌓이면서 자녀는 자신의 능력을 신뢰하게 됩니다. 수학 문제를 푸는 과정에서 논리적 사고와 실생활에 응용하는 문제 해결 능력을 키우는 것에 중점을 두게 되면, 결과에 상관없이 학습 자체에서 큰 만족감을 얻어 수학 실력 향상으로 이어질 것입니다.

★

경쟁보다 성장

> 고등학교 2학년인 상훈이는 상위권 대학 진학을 목표로 하고 있었지만, 치열한 경쟁 속에서 점점 학습 동기를 잃어가고 있었습니다. 부모는 상훈에게 경쟁보다는 자신의 성장을 강조하며, 학습 포트폴리오를 만들도록 도왔습니다.
>
> 이 포트폴리오에는 상훈이 작성한 프로젝트, 탐구보고서, 시험 성적 등을 기록했고, 시간이 지나면서 그의 점진적인 성장을 눈으로 확인할 수 있게 했습니다. 이를 통해 상훈은 다른 사람과의 비교보다는 자신의 노력과 성장을 더 중요하게 여기게 되었고, 그 결과 내적인 동기가 한층 강화되었습니다.
>
> 성적에만 치중하지 않고 과목에 대한 깊은 이해를 중시하면서, 어려운 주제를 부모와 함께 논의하고 더 깊이 있게 탐구하는 방식이 상훈의 학습에 큰 도움이 되었습니다.

학습에 있어서 자아 존중감이 얼마나 형성되어 있는지에 관심을 기울여야 합니다. 자아 존중감은 자신에 대한 긍정적인 평가와 존중을 의미합니다. 과정을 중시하고, 자신의 노력을 인정하는 태도가 부족하다면 자아 존중감이 충분히 형성되었다고 보기 어렵습니다. 자아 존중감을 높여야 지속적으로 노력하는 토대가 형성되기 때문입니다.

"얼마나 열심히 했는지가 더 큰 의미가 있어"라는 말은 자녀에게 긍정적인 피드백을 제공하고, 그들의 노력을 인정하는 것입니다. 이는 자녀가 스스로 더 긍정적으로 바라보고, 자아 존중감을 높이는 데 기여합니다.

과학프로젝트에서 상을 받지 못했더라도, 프로젝트를 준비하는 과정에서 배운 새로운 지식과 기술에 집중하게 되면, 자녀는 자신의 성취를 인정하고 자부심을 느낄 수 있습니다. 수학 문제를 푸는 과정에서 새로운 시각으로 접근하려고 노력하고, 그 과정을 즐기는 자녀는 학습에 대한 긍정적인 태도를 유지하여 결국 흡족한 결과를 얻게 됩니다.

학습 과정에서 실천할 수 있는 구체적인 방법

실천 방안	구체적인 방법	효과
자기 목표 설정하기	–학습 전 목표를 설정하고, 구체적인 학습 계획을 세움	–명확한 목표를 통해 학습의 방향성을 유지하고, 동기를 부여받음
학습 과정 기록하기	–학습 일지를 작성하여 매일 학습한 내용과 느낀 점, 어려웠던 점 등을 기록	–학습 진행 상황을 확인하고, 문제점을 파악하여 개선할 수 있음
피드백 받기	–교사나 동료에게 정기적으로 피드백을 받고, 피드백을 바탕으로 학습 방법을 조정	–외부의 객관적인 시각을 통해 학습 방향을 개선하고, 부족한 부분을 보완함

실천 방안	구체적인 방법	효과
자기 반성 시간 갖기	−학습 후 일정 시간을 두고 스스로 학습 과정을 되돌아보며 반성	−학습의 성과를 스스로 평가하고, 다음 학습에 대한 전략을 수정함
문제 해결 과정 분석하기	−문제를 푼 후, 해결 과정을 단계별로 분석하고 어떤 부분에서 어려움을 겪었는지 파악	−문제 해결 과정에서의 실수를 줄이고, 더 나은 접근 방법을 찾을 수 있음
개인 학습 리뷰 세션 진행하기	−정기적으로 개인 학습 리뷰 세션을 가지며, 자신의 학습 진전을 점검하고 목표 달성 여부를 평가	−학습 진척 상황을 점검하고, 목표에 대한 피드백을 통해 지속적인 개선을 유도함
팀 학습 활동 참여하기	−그룹 스터디나 팀 프로젝트에 참여하여 서로의 학습 과정을 공유하고 피드백을 주고받음	−팀원들과의 협업을 통해 다양한 관점을 배우고, 서로의 학습 방법을 보완할 수 있음
성공 사례 분석하기	−성공적인 학습 사례나 선배들의 경험담을 분석하고, 이를 자신의 학습에 적용	−성공적인 방법을 참고하여 자신에게 맞는 학습 전략을 찾고, 적응함

긍정적인 마음가짐이 학습 능률을 높여줘

자신감을 키우는 학습 태도의 비밀

긍정적인 마음가짐은 학습 과정에서 심리적, 정서적으로 매우 중요한 요소입니다. 부모가 자녀에게 긍정적인 태도의 중요성을 설명해 주는 것은 학습 효율성을 높이는 데 기여할 수 있습니다.

긍정적인 마음을 가지면 스트레스가 줄어들고, 학습에 대한 불안이나 부담을 덜 느끼게 됩니다. 또한 자녀는 자신이 학습할 수 있다는 자기 효능감을 키우게 되며, 이를 통해 더 높은 학습 동기가 생기고 학업 성과도 자연스럽게 향상됩니다.

자녀의 잠재력에 대한 부모의 긍정적인 메시지가 자녀의 마음속에 깊이 새겨지면, 자녀는 어려운 과목이나 과제에서도 좌절하지 않고 끝까지 도전하게 됩니다.

학습 과정에서 긍정적인 태도를 유지하는 자녀는 실패를 두려워하기보다는, 도전을 기회로 여기고 성장할 수 있는 발판으로 삼게 될 것입니다.

주도적인 학습과 긍정적인 관계 형성

자기 주도적인 학습을 하는 학생은 스스로 목표를 설정하고 그 목표를 이루기 위해 계획을 세워나가는 과정에서 학업 성취를 이룹니다. 자녀가 학습 목표를 명확하게 설정하고 이를 점진적으로 달성해 나가면, 성취감이 쌓여 학습 동기가 더 강화됩니다.

단기적인 목표를 이루는 과정을 통해 작은 성공을 반복적으로 경험하면서, 자녀는 점차 장기적인 학습 목표에 도달할 수 있는 자신감을 얻게 됩니다.

구체적인 목표

> *단기 목표 : 이번 주 영어 단어 50개를 외우고, 단어 시험에서 90점 이상 받기
> *장기 목표 : 3개월 안에 국어 비문학 문제 풀이 시간을 10분 단축하기

부모는 자녀에게 목표 설정의 중요성을 강조하며, 학습 계획을 세우고 점검하는 과정을 함께 도와줄 수 있습니다. 예를 들어, 매일 또는 매주 목표를 설정하고 이를 달성했을 때 칭찬을 아끼지 않는다면, 자녀는 점차 자신의 학습 성과를 스스로 평가하고 개선할 수 있는 능력을 키우게 될 것입니다.

"이번 주에 세운 계획을 다 해냈네! 다음 목표는 좀 더 도전적인 걸로 정해보는 건 어때?"

학업의 성취는 혼자만의 노력으로 이루어지는 것이 아니라, 주변 사람들과의 협력과 지지를 통해 더욱 큰 결실을 맺을 수 있습니다. 요즘의 학습 평가는 단순히 암기하여 시험을 치르는 것에 그치지 않고, 발표, 토론, 탐구보고서 등 다양한 방식으로 진행됩니다. 이 러한 활동에서는 친구들과 협력하고 소통하는 능력이 매우 중요하 며, 긍정적인 마음가짐은 그러한 협력적 관계를 형성하는 데 큰 역 할을 합니다.

★

긍정적인 태도를 지속적으로 유지하는 학생은 학습 과정에서 친 구, 가족, 선생님과 건설적인 관계를 형성하게 됩니다. 이러한 관계 는 함께 공부할 때 시너지 효과를 내며, 서로의 부족한 부분을 보 완해 줄 수 있는 유익한 학습 환경을 만들어 줍니다.

긍정적인 관계 형성

긍정적인 태도를 가진 학생은 주변 사람들과 건설적인 관계를 형 성하며 학습 효과를 극대화할 수 있습니다. 자녀가 친구들과 스터 디 그룹을 구성해 부족한 과목을 보완할 수 있습니다. 예를 들어 매주 토요일 저녁, 친구들과 비문학 독해 연습 스터디를 진행하며 서로의 풀이 방법을 공유할 수 있습니다. 또한 매주 일요일 저녁,

자녀와 "이번 주 가장 어려웠던 과목"에 대해 이야기하며 문제 해결 방법을 함께 고민하는 시간을 부모와 함께 가질 수 있습니다.

동기 부여와 지속적인 노력

학습에서 중요한 요소 중 하나는 동기 부여입니다. 학습 동기가 부여되기 위해서는 긍정적인 마음가짐이 매우 중요한 역할을 합니다. 긍정적인 태도가 부족한 학생들은 학습 목표를 명확하게 설정하지 못하고, 그 목표를 달성하기 위해 충분히 노력하지 않는 경우가 많습니다.

반면, 명확한 목표를 설정하고, 그 목표를 달성할 수 있다는 강한 믿음을 가진 학생들은 학습에 더 많은 열정을 쏟으며, 이는 자연스럽게 학습 동기로 작용합니다. 자녀가 목표를 세우고 그 목표를 향해 도전하는 과정에서 스스로 "할 수 있다"는 믿음을 갖는다면, 학습에 대한 흥미와 자신감이 증가할 것입니다.

입시에서 긍정적 마음가짐의 효과

*수능 대비 학습 : 자녀가 어려움을 느끼는 과목에 대해 AI 문제 풀이앱의 도움을 받아 학습 계획을 조정할 수 있습니다. 예를 들어, 수학 과목에서 "1학기 동안 적분 문제 풀이에 약점을 보였으니, AI 학습 시스템의 적분 단원 문제 분석 기능을 활용해 보자"는 식

으로 접근합니다.

*학생부 비교과 활동 : 탐구보고서 작성 시, 주제를 선택하고 자료를 수집하는 과정에서 긍정적인 태도로 도전적인 목표를 설정합니다. 예를 들어, "환경 문제를 주제로 조사했는데, 새로운 해결 방안을 제시하는 아이디어를 더 추가해 보자"와 같이 적극적인 자세로 접근합니다.

고학년으로 올라가면서 학습 내용은 더욱 복잡하고 난이도가 높은 수준으로 발전합니다. 시험 문제 역시 여러 개념이 응용된 복합적인 형태로 출제되면서, 학생들은 어려움을 겪고 실망할 수 있습니다. 그러나 긍정적인 태도를 가진 학생들은 이러한 어려움을 좌절로 여기지 않습니다. 대신 문제 풀이에 실패하더라도 이를 학습의 중요한 기회로 받아들입니다. 실패에서 무엇이 잘못되었는지 분석하고, 이를 보완하여 더 나은 방법을 찾는 과정이 중요한 학습 경험으로 남게 됩니다.

자기 효능감 증가

자녀가 긍정적인 태도를 유지하면, 자신의 능력에 대한 신뢰인 자기 효능감이 높아집니다. 자기 효능감이 높아지면 어려운 과제를 만나도 이를 극복할 수 있다고 믿으며, 도전 의식과 끈기를 가지게 됩니다. 이는 특히 고교학점제와 같이 학생의 자기 주도 학습이 중요한 환경에서 더욱 필요합니다.

우리 학생 중에는 특히 수학에 대한 자신감 부족으로 인해, 저학년 때부터 수학을 포기하는 학생들이 많아졌습니다. 소위 '수포자'라는 말이 널리 퍼지게 된 것도 이러한 이유에서입니다. 수학에 대한 자기 효능감이 낮은 학생들은 어려운 수학 문제를 마주할 때 자신이 그 문제를 풀 수 없다고 믿고, 도전 자체를 포기하는 경향이 있습니다. 이는 단순히 학업의 실패를 넘어, 대학 진학과 같은 중요한 미래 계획에도 큰 장애물로 작용할 수 있습니다.

하지만 긍정적인 태도를 가지면, 학생들은 비록 수학 문제를 풀다가 실패하더라도, 자신에 대한 믿음을 잃지 않고 계속 도전할 수 있게 됩니다. 이러한 반복적인 시도를 통해, 비록 처음에 실패하더라도, 그 과정을 통해 배운 내용을 더 깊이 이해하게 됩니다.

실천 가능한 학습 전략

학생이 고교학점제에서 수학II 과목을 선택했으나 초기의 이해도가 부족한 경우, 단계적 대처법을 통해 실패를 극복할 수 있습니다.
*1단계 : 실패 원인 분석
AI 기반 학습앱에서 제공하는 진단 문제를 통해, 자신의 약점을 구체적으로 파악합니다. "진단 결과를 보니, 함수 그래프 해석에서 많은 오류가 있네. 다음 주까지 그래프 문제만 집중적으로 풀어보자."

*2단계 : 반복 학습 및 점진적 목표 설정

목표를 세분화해 적게 나누고 실천합니다. 오답 분석 결과에 따라 AI가 추천하는 문제를 푸는 방식으로 반복 학습을 진행합니다.

*3단계 : 결과에 대한 긍정적 피드백 제공

실패를 극복한 작은 성취에 대해 학생 스스로 격려하고, 부모나 교사가 구체적인 칭찬을 제공합니다. "그래프 문제에서 전보다 실수가 많이 줄었구나. 다음은 적분 문제에 도전해 보자!"

중요한 것은 한 번의 실패가 아니라, 그 실패를 어떻게 극복하느냐입니다. 학생들이 실패를 교정의 기회로 삼고 끊임없이 도전한다면, 수학뿐만 아니라 다른 과목에서도 문제 해결 능력이 향상될 것입니다.

학습 과정에서 실천할 수 있는 구체적인 방법

실천 방안	구체적인 방법	효과
목표 설정 및 관리	-단기 및 장기 목표를 설정하고 목표 달성 일정을 계획함 -매주 학습 진도를 기록하고 평가함	-목표가 명확해지고 학습 동기 부여됨 -성취도를 확인하면서 자신감 상승

실천 방안	구체적인 방법	효과
작은 성공 경험 쌓기	−어려운 문제를 작게 쪼개서 해결하고, 해결한 후 스스로를 칭찬함 −쉬운 문제부터 해결하여 성취감을 느낌	−작은 성공 경험을 통해 자기 효능감이 높아지고, 도전 의식이 강해짐 −어려운 문제에도 차근차근 도전할 수 있게 됨
실패를 학습 기회로 인식	−실패한 문제를 복습하고, 무엇이 잘못되었는지 기록함 −실패 후 재도전할 수 있도록 수정된 전략을 세움	−실패에 대한 두려움이 감소하고, 실패를 개선의 기회로 생각함 −문제 해결 능력 및 도전 의식이 강화됨
자기 점검 및 피드백	−주기적으로 자신의 학습 상황을 점검하고 개선점 파악 −친구, 가족, 선생님에게 피드백을 구함	−학습의 진행 상황을 명확히 파악할 수 있어 학습의 방향을 수정할 수 있음 −타인의 피드백을 통해 문제점 보완 가능
긍정적인 자기 대화	−학습 중 어려운 상황에서도 "할 수 있다"는 자기 대화를 자주 시도 −매일 긍정적인 피드백을 스스로에게 줌	−긍정적인 마음가짐을 유지하며 스트레스와 불안감을 줄일 수 있음 −지속적인 동기 부여와 자신감 향상
친구들과의 협력 학습	−학습 그룹을 만들어 문제를 함께 해결함 −토론과 발표 연습을 통해 학습 내용을 공유함	−협력 학습을 통해 서로에게 배울 기회가 생기고, 학습 내용을 더 잘 이해할 수 있음 −사회적 관계 형성에도 긍정적인 영향을 줌

작은 진전도
큰 성취의 시작이야

한 걸음이 변화의 시작

"작은 진전도 큰 성취의 시작이야"라는 말은 자녀에게 꾸준한 노력을 강조하며, 작은 목표를 달성하는 것이 얼마나 중요한지 깨닫게 하는 메시지입니다. 작은 성취를 통해 자녀는 지속적인 동기 부여를 받고, 이를 통해 자신의 능력에 대한 자신감을 얻게 됩니다.

이 자신감은 더 큰 목표를 향해 나아가는 원동력이 됩니다. 작은 목표를 차근차근 이루어가는 과정은 자녀가 학업에 대한 긍정적인 태도를 유지하고, 지속적으로 학습에 대한 흥미와 의욕을 갖게 하는 중요한 요소입니다.

작은 진전의 중요성

큰 목표를 달성하기 위해서는 작은 단계를 꾸준히 실천하는 것이 필수적입니다. 작은 진전을 이루는 과정은 단순히 결과로 이어지는 것이 아니라, 꾸준함과 일관성을 상징하며, 자녀의 자기 주도 학습 역량을 강화하는 핵심입니다.

큰 성과는 하루아침에 이루어지지 않으며, 매일 조금씩 작은 목표를 달성하는 것이 쌓여 더 큰 성과로 이어집니다. 부모는 평소 대화를 통해 자녀에게 매일 꾸준히 학습하는 습관이 결국 큰 학습 성과로 이어질 것이라는 점을 강조해줄 필요가 있습니다.

예를 들어, 3등급인 학생이 단기간에 1등급을 목표로 설정하고 오직 그 큰 목표만을 바라본다면, 그 과정이 멀게 느껴져 쉽게 지치거나 포기할 수 있습니다. 대신, 먼저 2등급이라는 성취 가능한 목표를 설정하고 이를 달성해 나가면서 점차 더 큰 목표로 나아가는 것이 중요합니다.

부모는 자녀가 달성 가능한 목표들을 세우고 이를 이루면서 성취감을 느끼도록 도와줘야 합니다. 매일 10개의 단어를 외우는 것처럼 작은 성취를 통해 자녀는 동기 부여를 받고, 꾸준히 학습에 대한 열의를 유지할 수 있게 됩니다.

도전을 향한 자신감

고등학교에서 수업의 효율성을 위해서 분반을 하게 됩니다. 학습이 부진한 반 학생들은 자신감이 부족한 경우가 많습니다. 이들에게는 자신감을 회복하는 것이 무엇보다 중요합니다. 따라서, 어려운 부분보다 단순한 수학 기초 문제부터 시작하는 것이 효과적입니다.

기본 예제를 10문제씩 풀게 하고, 충분히 이해했는지 확인한 후에 조금 더 어려운 문제로 나아가도록 합니다. 학생들은 매일 풀었던 예제를 이해한 내용을 설명하게 함으로써 자신감을 쌓아갈 수 있습니다.

이후, 기본 문제를 풀면서 칭찬을 받고, 매일 진척도를 기록하는 그래프가 점점 채워지는 것을 보며 성취감을 느낄 수 있었습니다. 이러한 작은 진전들이 쌓이면서, 몇 달이 지나면, 이전에 포기했던 복잡한 문제들도 스스로 풀어내는 학생들이 늘어나기 시작했습니다. 성적 향상도 눈에 띄게 나타났으며, 무엇보다도 수학에 대한 긍정적인 태도를 갖게 되었습니다. 이제 학생들은 더 높은 목표를 향해 도전할 수 있다는 자신감으로 가득 차게 되었고, 지속적인 동기 부여가 이루어진 것이 가장 큰 성과라고 할 수 있습니다.

매일 조금씩 학습 목표를 달성하는 습관은 자녀에게 성취감을 심어주고, 더 큰 목표에 도전할 수 있는 자신감을 키워줍니다. 고교학점제에서는 학생들이 선택과 과목의 성취도를 꾸준히 높여야 하기 때문에, 매일의 학습과 작은 진전은 등급 취득과 내신 관리를 위한 핵심 전략이 됩니다.

연속적인 학습 과정

학습은 단순히 한 번에 이루어지는 것이 아닌, 기초를 다지고 점진적으로 심화되는 연속적인 과정입니다. 기초가 튼튼해야 더 높은 단계로 나아갈 수 있습니다.

작은 진전과 성취는 단순한 만족감을 넘어서 다음 단계 학습의 기반이 됩니다. 작은 성취를 경험할 때 비로소 그 다음 목표를 더 쉽게 달성할 수 있습니다.

예를 들어, 수학에서는 기본 개념을 먼저 확실히 이해해야만 이후 더 복잡하고 난이도 높은 문제를 해결할 수 있습니다. 작은 진전들이 모여 큰 성취로 이어지는 것입니다. 자녀가 수학을 공부할 때 처음에는 간단한 덧셈과 뺄셈처럼 간단한 문제들을 풀며 이를 완전히 이해하는 것이 이후 곱셈, 나눗셈, 더 나아가 방정식과 미적분을 이해하는 데 중요한 역할을 합니다.

작은 단계에서 쌓은 기초 지식은 나중에 더 복잡한 문제를 해결하는 데 필수적인 기반이 됩니다. 이러한 과정에서 자녀는 자신감을 얻고, 점점 더 도전적인 문제에 도전하며 학습 의욕을 키우게 됩니다. 작은 성취들이 모여 자녀가 어려운 문제도 해결할 수 있는 능력을 갖추도록 도와주며, 이 과정에서 자신감을 쌓을 수 있도록 지도하는 것이 중요합니다.

학습은 작은 지식이 쌓여 커다란 지식 구조를 형성하는 과정입니다. 하나의 작은 개념을 이해하면, 그것이 다른 개념들과 연결되어 더 큰 이해로 이어집니다. 예를 들어 생물학에서 세포 구조를 이해하면 나중에 세포의 기능과 생명 활동을 이해하는 데 큰 도움이 되는 것처럼 말입니다.

이런 작은 지식과 경험은 더 복잡한 문제 해결과 응용 능력의 향상에 필수적입니다.

★

고교학점제는 학생이 학습 과정에서 연속성이 얼마나 중요할지를 잘 보여줍니다. 물리 과목에서 기초 개념을 제대로 이해하지 못한 학생이 심화 과정을 선택한다면 등급 관리에 어려움을 겪을 가능성이 높습니다.

반대로, 기초를 탄탄히 다지고 작은 전진을 쌓은 학생은 심화 과정을 더 쉽게 따라갈 수 있습니다. 부모는 자녀에게 작은 성취가 어떻게 점진적으로 쌓여 더 큰 성과를 이끌어 내는지 설명하며, 꾸준히 학습을 이어가도록 격려해야 합니다.

작은 실험이 공부의 관심으로

중학교 3학년인 기호는 과학 수업에서 산과 염기의 개념을 배웠습니다. 그런데 기호는 이 개념이 너무 추상적이라고 느꼈습니다. 그때 주방에서 실험을 해보면 구체적으로 이해할 수 있을 것이라고 생각했습니다.

기호는 주방에 가서 집에 있는 식초와 베이킹 소다를 사용해 보았습니다. 기호는 두 재료를 그릇에 넣어 섞었고, 그 결과 거품이 일어나는 것을 관찰했습니다. 기호는 이 실험을 통해 산과 염기가 만나면 화학 반응이 일어나면서 이산화탄소가 발생한다는 것을 몸소 경험했습니다.

기호는 이 단순한 실험을 통해 교과서에서 배운 내용을 더 깊이 이해하게 되었고, 그 후로는 요리할 때마다 이 단순한 실험을 통해 교과서에서 배운 내용을 더 깊이 이해하게 되었고, 그 후로는 요리할 때마다 이론을 떠올리며 과학이 실생활에 얼마나 밀접하게 연관되어 있는지 깨닫게 되었습니다.

AI 기반 학습앱은 학생이 학습에서 연속성을 유지하도록 돕는 강력한 도구입니다. AI는 학생이 놓치기 쉬운 기초 개념이나 취약한 부분을 자동으로 분석해 줍니다.

예를 들어, 학생이 영어 독해에서 특정 문법 구조에 반복적으로 실수를 한다면, AI는 해당 문법 주제에 대한 추가 연습 문제를 추천하거나, 짧은 동영상을 제공해 학습을 돕습니다. 이는 기초를 강화해 학습을 가능하게 합니다.

목표 설정과 성취

작은 진전은 목표를 세분화하여 달성할 때 가장 효과적입니다. 예를 들어, 하루에 단어 10개 외우기, 매일 수학 문제 5개 풀기 등의 작은 목표를 설정하고 이를 달성하는 것은 더 큰 목표를 이루기 위한 필수적인 과정입니다. 이러한 작은 목표를 꾸준히 성취해 나가면, 점차 더 큰 목표를 달성하는 데 필요한 자신감과 동기가 생기게 됩니다.

작은 목표를 달성할 때마다 느끼는 성취감은 학습 동기를 지속적으로 유지하는 데 중요한 역할을 합니다. 자녀가 하나씩 목표를 달성할 때마다 느끼는 만족감은 학습에 대한 흥미를 유지시키고, 다음 목표를 도전할 수 있는 원동력을 제공합니다. 이는 자녀가 학업에 꾸준히 흥미를 가지게 하고, 지속적으로 학습에 도전할 수 있도록 돕는 핵심 요소입니다.

작은 성취의 중요성

초등학교 4학년 민준이는 학교에서 주는 숙제를 꾸준히 해왔지만, 특별히 큰 성취감을 느끼지 못하고 있었습니다. 책을 읽는 것도 조금 지루하게 느껴졌고, 시험 공부도 단순히 해야 할 일로만 생각하고 있었습니다.

어느 날, 민준의 부모님은 목표를 세우는 법을 가르쳐 주기로 했습니다. 부모님은 민준과 함께 매일 할 수 있는 작은 목표를 세워 보기로 했습니다.

"민준아, 우리가 매일 조금씩 목표를 달성해 보는 건 어때? 예를 들어, 하루에 영어 단어 20개를 외우고, 책을 10페이지 읽는 거야. 그러면 조금씩 쌓여서 나중에 더 큰 성취를 이루게 될 거야." 부모님의 제안에 민준은 조금 의구심이 들었지만, 한번 시도해 보기로 했습니다.

첫째 날, 민준은 부모님이 정해준 20개의 영어 단어를 외우고, 책도 10페이지 읽었습니다. 처음엔 특별한 느낌이 들지 않았지만, 매일 조금씩 목표를 달성하면서 민준은 점점 성취감을 느끼기 시작했습니다.

한 주가 지나자 100개의 새로운 단어를 외우게 되었고, 책도 60페이지나 읽은 자신을 보며 뿌듯함을 느꼈습니다.

매일 작은 목표를 꾸준히 달성하던 민준은 점차 책을 읽는 것이 재미있어졌습니다. 처음에는 10페이지를 읽기에도 힘들어했지만, 시간이 지나면서 20페이지, 30페이지까지 읽을 수 있게 되었습니다. 한 달이 지나자 민준은 처음으로 혼자서 책 한 권을 완독하게 되었습니다.

토론과 발표에서도 학생이 연속적인 학습 과정을 경험할 수 있는 훌륭한 예입니다. 예를 들어 한 학생이 "AI 기술의 윤리적 문제"를 주제로 토론에 참여한다고 가정하면, 우선 기초 자료를 조사하고 주제와 관련된 기초 개념을 이해해야 합니다. 그리고 찬반 논리를 구성하며 논거를 발전시킵니다. 마지막으로 팀원들과의 토론을 통하여 자신의 의견을 더욱 다듬고, 발표 연습을 통해 자신감을 키울 수 있습니다.

이 모든 과정은 학생의 비판적 사고력과 문제 해결 능력을 키우는 동시에, 학습의 연속성을 유지하도록 돕습니다. 특히 발표 활동은 결과적으로 세부 능력 및 특기 사항에 기록되어 입시에서 매우 높게 평가될 수 있습니다.

학습 과정에서 실천할 수 있는 구체적인 방법

실천 방안	구체적인 방법	효과
작은 목표 설정 및 달성	–큰 목표를 작은 단계로 나누어, 매일 혹은 매주 달성 가능한 작은 목표를 설정	–작은 성취를 통해 성취감을 느끼며, 꾸준한 동기 부여와 자신감을 형성함
성취에 대한 즉각적인 보상 제공	–자녀가 목표를 달성할 때마다 칭찬하거나 작은 보상을 제공	–성취감을 강화하며, 지속적으로 목표를 달성하고자 하는 의욕을 고취함
학습 진척도 시각화	–자녀의 학습 진척도를 시각적으로 보여주는 차트나 그래프를 작성	–진척도를 시각적으로 확인함으로써 성취감을 느끼고, 꾸준히 학습에 임하게 됨
문제 해결 경험 축적	–자녀가 간단한 문제부터 점차 복잡한 문제로 나아가면서 문제 해결 경험을 쌓도록 도움	–작은 성공을 통해 문제 해결 능력을 키우며, 복잡한 문제에 대한 자신감을 쌓음
실생활과 연관된 학습 기회 제공	–학습 내용을 실생활에 적용해보는 활동을 제안	–실생활에서의 경험을 통해 이해도를 높이고 실질적인 적용 능력을 강화함
피드백을 통한 성과 분석	–학습 과정에서 받은 피드백을 활용하여 자신의 강점과 약점을 분석하고 개선	–성과 분석을 통해 자기 개선의 기회를 마련하고, 학습의 질을 높임
도전 과제 제공	–자녀가 조금씩 더 어려운 도전을 할 수 있도록 유도	–도전감을 통해 자녀의 성장 가능성을 자극하고, 성취감을 더욱 증대시킴
자기 평가 기회 제공	–자녀가 스스로 학습 성과를 평가하고, 목표를 재설정할 수 있도록 지도	–자기 주도적인 학습 능력을 강화하며, 학습 동기를 지속적으로 유지함

부모와 함께 소통으로
성장하는 학습 전략

1판 1쇄 발행 2025년 4월 30일

지은이 조효완 신동원 김혜남
발행인 최봉규

발행처 지상사(청홍)
등록번호 제2017-000075호
등록일자 2002. 8. 23.
주소 서울특별시 용산구 효창원로64길 6 일진빌딩 2층
우편번호 04317
전화번호 02)3453-6111, 팩시밀리 02)3452-1440
홈페이지 www.jisangsa.com
이메일 c0583@naver.com

ISBN 978-89-6502-346-3 03370